U0535916

区块链十年

看见怎样的未来

巴比特◎编著

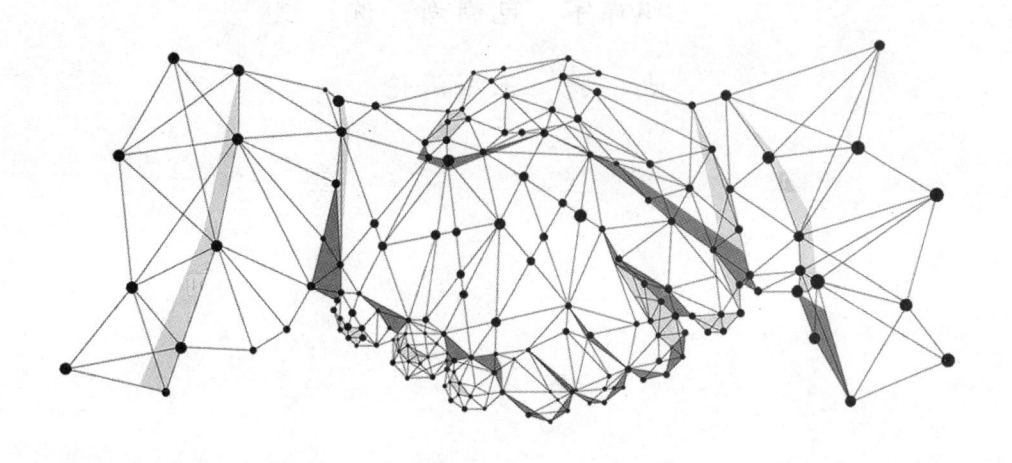

中国友谊出版公司

《区块链十年》编委会

主　任　王　雷

委　员　屈兆翔　王晓萌　汤霞玲

　　　　邱祥宇　包新新　沈　斌

　　　　池　骋　王程海伦

目录

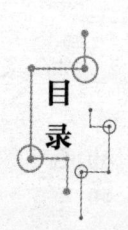

罗金海 量子学派创始人

区块链十年：漂泊的幽灵船

蓝色幽灵船 / 003

加密世界的"荷兰人"号 / 004

中本聪的"独木舟" / 006

技术极客们的"黄色潜水艇" / 008

科幻爱好者们的"蓝色空间" / 011

自由主义者的"五月花" / 014

先锋创业者眼中的"小猎犬"号 / 016

投机者眼中的"泰坦尼克" / 018

新锐资本眼中的"航空母舰" / 021

通往世界尽头 / 024

长铗 巴比特创始人、科幻作家

探索区块链的边界

计算即权力 / 027

不可能三角 / 032

"去中心化"究竟何意 / 034

交易的热力学第二定律 / 040

计算的融合 / 043

区块链:形成浪潮的力量

韩锋 — MIT区块链研究室发起人

区块链的救赎 / 049

颠覆的核心:去中心化的信任 / 052

量子力学与区块链:财富新大陆 / 056

改变浪潮的方向 / 058

通证:重构区块链商业逻辑

孟岩 — 通证经济发起人、CSDN副总裁

无缘对面不相识 / 061

智慧的链圈和疯狂的币圈 / 062

从"代币"到"通证" / 064

四次分配和一个螺旋 / 066

区块链思想的否定之否定 / 069

区块链技术发展:脉络与启示

白硕 — 上海证券交易所前总工程师

命中注定区块链 / 075

区块链技术的前世今生 / 077

R3 Corda:不是区块链,胜似区块链 / 086

以太坊硬分叉:两种选择,两种结局 / 098

未来何去何从 / 104

从比特币到计算主义：一切皆可计算

孙立林　PlatON创始人、矩阵元CEO

作始也简，将毕也钜　/ 111

对区块链的认知迭代　/ 113

计算主义与 Trustless Computing　/ 119

Let us compute　/ 129

密码经济：从技术试验到社会试验

刘昌用　知密大学发起人

一日十年　/ 133

货币之梦：向自由而生　/ 134

一个江湖，两个圈子　/ 137

扩容之争与 BCH 的诞生　/ 142

秦失其鹿，群雄逐之　/ 145

回归理性　/ 148

试验之路　/ 152

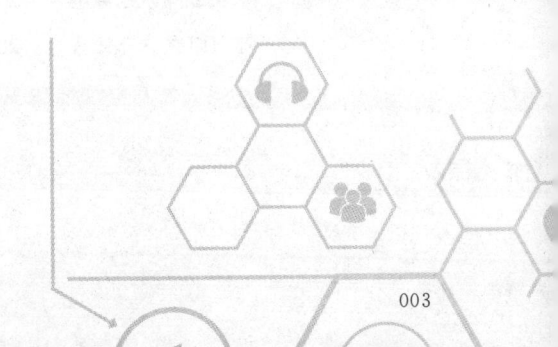

区块链赋能实体经济：让"大象"跳舞

李林　火币集团董事长、创始人兼CEO

小国的弯道超车　/ 159
火币：坚守初心　/ 160
区块链＋实体经济：下一张"王牌"　/ 162
走出泡沫，落地为王　/ 164
星星之火，何以燎原　/ 173
未来已来　/ 175

公有链：打造全新分布式"信任生态"

李俊　ONT本体创始人

初识区块链：冰山一角　/ 179
在公有链的世界里深潜　/ 181
技术与应用至上　/ 183
公链的下一站　/ 186

钱包：人链交互的未来

何斌　imToken创始人兼CEO

"触电"区块链思维　/ 193
拿着锤子找钉子　/ 195
从0到1：钱包的探索之路　/ 197
安全：不能缺失的拼图　/ 201
挑战与机遇并存　/ 204
HBI的未来图景　/ 206

目录

李伟 趣链科技CEO

区块链技术及应用的三个属性

经历决定认识 / 211

技术属性 / 212

资产属性 / 214

合作属性 / 217

吴忌寒 比特大陆、巴比特联合创始人

区块链十年：对立与选择

比特币理想国的第一批居民 / 223

区块链的"大航海时代" / 226

下一个十年：跨越壁垒 / 232

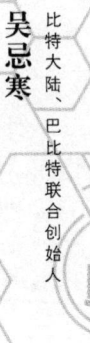

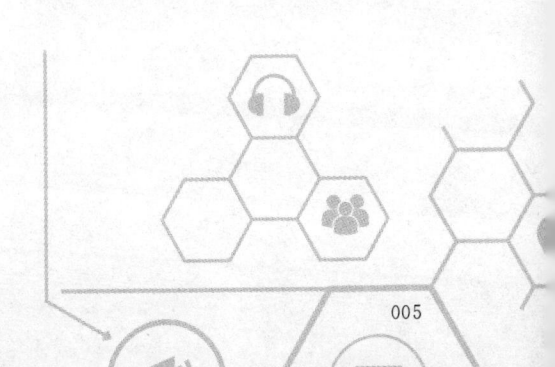

区块链十年：漂泊的幽灵船

罗金海

对于信仰者来说，区块链就是心中的诺亚方舟。

——罗金海

蓝色幽灵船

昏暗斜阳,海面上飘落着一抹幽蓝……

这是一艘混杂着黑暗与希冀的幽灵船,虽无人驾驶,却满载乘客,船的名字叫"区块链"号。它的乘客与水手来自世界各地,各具独立意志,人人航向不同,却选择同一艘船共渡彼岸。

从此岸到彼岸,1000 个乘客眼中有 1000 艘"区块链"号:

对于加密学者来说,它是通往至暗之地的"海盗船";

对于中本聪来说,这是前往理想圣地的"独木舟";

对于极客者来说,它是穿梭在 0 和 1 海洋中的"冲锋艇";

对于科幻爱好者来说,这是拯救人类的"蓝色空间";

对于自由主义者来说,它是重建世界的"五月花";

对于人文哲思者来说,这是拷问灵魂的"忒修斯之船";

对于经济学界来说,它是颠覆传统金融体系的"泰坦尼克";

......

当所有这些符号加起来，区块链就是这些人眼中的"诺亚方舟"。因为这些乘客和水手知道，它将载着他们驶向新的大航海时代。

从2008年勾勒草图，到2009年正式启航，这艘幽灵船一路行来，遭遇技术暗流，途经算法险恶，划过黑客险礁，见证人性善恶，穿越众声喧哗，它从加密世界的港湾悄悄出发，短短十年时间在现实世界搅起惊天骇浪。

它到底来自哪里？又将驶向何方？

加密世界的"荷兰人"号

区块链从不是来颠覆互联网的，它是行驶在互联网汪洋中的"荷兰人"号。

海上传说没有比"荷兰人"号更著名的了，它被多次用于绘画、恐怖故事、电影，甚至歌剧。

有人说它是魔鬼掷下的骰子，被诅咒在海上航行到审判日。

Internet（互联网）的出现是人类文明的伟大奇迹，标志着"从人脑到众脑"时代来临，人类开始了真正的时空穿越，我们终于能拯救自己的灵魂了。

而当大众都在为此狂欢时，有一个群体却在冷静审视未来。

他们是人类加密朋克组织，这个组织集中了人类最敏锐的大脑。

这些人天生与机器为伍,没有人比他们更懂代码未来。

甚至可以说,这些人的思维特点就像机器。

1988年Internet开始对外开放。

1991年3月,第一个连接Internet的友好接口在明尼苏达大学开发出来。

1991年6月,Internet商业用户首次超过了学术界用户。

……

此后,被商业资本介入的Internet一发不可收拾,全球化浪潮迅速席卷人类的每个角落。

大部分人为眼前变化欢欣鼓舞,只有加密朋克沉默不语,他们从后台看到私人领地被公权力步步蚕食,看到隐藏在互联网背后的商业巨头将隐私数据纳入己有。

人性是不靠谱的,社会契约论并不一定适用于数字世界,必须在互联网这浑浊大海里建立一艘"荷兰人"号。从1762后到今天,是开始构架数学契约论的时候了。

1992年,以蒂莫西·梅为发起人,美国加州物理学家和数学家秘密汇聚。出于对FBI(美国联邦调查局)和NSA(美国国家安全局)的警惕,这些技术自由主义派偷偷成立了一个"加密朋克"小组,以捍卫数字世界的公民隐私,议题包括追求一个匿名的独立数字货币体系。

早期成员涉及"维基解密"创始人阿桑奇、"BT下载"之父布拉姆·科恩、万维网发明者蒂姆·伯纳斯-李爵士、智能合约概念提出者尼克萨博、脸书（Facebook）创始人之一肖恩·帕克。当然，还有比特币创始人中本聪。

他们是《V字仇杀队》里的面具男，试图创造21世纪的"加密新宗教"。

他们也是数字世界的赛博朋克，试图建立互联网之外的"Zone 圣地"。

经过加密圈先驱的反复测试，这艘"荷兰人"号理念初现，他们以数学的名义起誓：以 ECC 椭圆曲线为基础，以去中心化为精神内核，以 SHA256 算法为最后的堡垒，试图对抗混沌互联网中的商业巨头和国家垄断！

到了建造新船的时候了，这艘船到底何时建成？又将何时出发？

它的船长是谁？时代为何选择了中本聪？他如何完成这样的特殊使命？

中本聪的"独木舟"

迄今为止，仍然无人知晓中本聪是谁。

有人说他是来自 2140 年的"未来人类"，为人类与 AI 的终极决战准备算力。

有人说他是加密朋克大佬乔姆、戴维、芬尼、瑞特和萨博的合体，中本聪只是集体的抽象概念而已。

现在看来，他更像是来自《黑客世界》中的尼奥，是一个觉醒的 BUG！

2008年11月1日，一封不起眼的帖子出现在加密朋克世界："我正在开发一种新的电子货币系统，采用完全点对点的形式，而且无须受信第三方介入。"

加密朋克们心中的"荷兰人"号详细图纸就这样出来了，中本聪构想了一种可以"不受任何政治力量或金融力量操控"的电子货币——比特币。对此，戴维、芬尼、瑞特、萨博等大佬也半信半疑：真的可以这样，这可是加密朋克们梦想建立的金融新世界？

中本聪没有在意他人的反应，依靠他人是不可能的，还是得自己亲手来构建这个世界。

2009年1月3日，中本聪从下午一直忙到黄昏，在赫尔辛基的一个小型服务器上创建、编译、打包了第一份开源代码。[①] 尽管这份代码非常简陋，至今仍被很多程序员嘲笑，然而它还是正常运行了 SHA256 运算、RIPEMD-160 运算，写入版本类型、Base58 编码。

2009年1月3日18点15分，比特币世界的第一个区块（block）被创建。此后，这天被比特币信徒称为"创世日"，而这个区块被称为"创世块"，中本聪则成了"创世主"。

这一天最终标志着比特币的诞生！

回顾比特币的"创世日"，一起接着将将区块链技术和比特币之间的

[①] Wendy：《王永利：比特币本质上属于社区币，难以颠覆法定货币》，巴比特资讯，2019年1月4日，https://www.8btc.com/article/340619。

关系：

    1.区块链是为比特币而生的，在比特币被发明之前，世界上并不存在区块链。

    2.区块链是比特币原创核心技术，而比特币是区块链技术的杀手级应用。

    3.比特币的区块链技术并不等于区块链技术。在比特币之后，人们参考比特币中的区块链，采用类似技术实现了各种应用，这类技术最终被称为"区块链技术"。

自2009年1月3日开始，中本聪一个人驾驶着一艘名叫"比特币"的独木舟，从加密朋克的港湾出发，从北欧的极寒之地起航，向自己的圣地进发。

没有人知道这艘以"区块链"技术为基础的小舟到底能行驶多远，从船长到水手到乘客只有中本聪一个人。但这艘小船与众不同，它会随着风生长，风浪越大，它成长得越快，到底有多少人响应他挂起的"无头风帆"，开始陆续登上这条小船，一起开启属于新生代的漂泊之旅？

技术极客们的"黄色潜水艇"

最先登上中本聪小船的是技术极客和科幻爱好者，2009年到2011

年，这是属于他们的世界。

我们先谈一谈技术极客：这些人对新技术有极高的敏感度，在普通大众还没有意识到加密货币价值的时候，他们已经被中本聪船长的美妙设计震惊了。

这些人天生痴迷于披头士乐队的歌曲《黄色潜水艇》：

在我出生的家乡小镇，居住着一位老船长

他常对我们讲起一生往事，在那潜水艇的王国里

我们起航逐日，直到我们找到一片碧绿之海

……

他们渴望将船长的"独木舟"改造成自己的"潜水艇"，然后一起去寻找心中的碧绿之海：

2010年，幽灵船上的"大副"加文·安德烈森开始提交代码优化比特币系统，中本聪消失后加文以首席科学家身份直接接管船长之责；

2010年11月16日，加密学大咖哈尔·芬尼将中本聪赠送的10比特币花了出去，完成了加密货币史上的连续转账；

2011年，在父亲德米特里·布特林（Dmitry Buterin）引导下，17岁以太坊创始人维塔利克·布特林（Vitalik Buterin）开始接触刚刚2岁的比特币；

2011后，EOS的创始人BM（真名Daniel Larimer，Github上用户名Bytemaster）则一边与团队反思比特币机制的缺陷，一边思考有没有更好

的算法机制。

中国人接触比特币并不晚，极客能迅速感知到区块链的力量。

以中国比特币史上最神秘的人物"烤猫"为例：

2011年烤猫开始接触比特币，2012年在GLBSE交易所成功进行了公募，他是中国最早制造ASIC（Application Specific Integrated Circuits，专用集成电路）矿机的技术天才之一。2013年身家过亿，手握全网20%的算力，辉煌过后，却在2014年底2015年初，突然失联，人间蒸发。

他最后一次出现在公众场合是2014年8月2日，烤猫公司举办"百万T算力时代"线下沙龙。与会人员包括币行创始人星空、比特币中国创始人杨林科等。

那天的场景至今历历在目，当主持人邀请烤猫上台时，一个单眼皮瘦高个男生，穿着一双拖鞋，面无表情地走上台，连自己都没介绍，就开始讲一大堆的数据……

烤猫是比特币历史上无法绕过去的一个典型性技术极客。

除了烤猫，2009到2011年之间，有目标的中国极客也陆续登上这艘"黄色潜水艇"：

  江湖人称"行长"的星空开始了他的区块链创业；

  墨不一创立了比特币的导航网站BTC123；

  ziyanjoe在微博谈比特币并普及开源硬件；

  嘉楠耘智的张楠赓退学下海开始研究矿机；

七彩神仙鱼开始建立属于自己的矿池；

杨林科创立了比特币中国交易平台；

纵横四海创立了 p2pbucks；

沈波在默默地关注区块链世界的人才；

……

科幻爱好者们的"蓝色空间"

与技术极客同时迷恋上区块链的是科幻爱好者。

这两者之间也有重叠，很多私幻作者也是知名极客。

这是一个敏感细腻、深刻通透、热恋技术的群体，对新生事物有着极其强烈的兴趣。

2011 年，身为科幻作家的长铗，与吴忌寒、老端三人创办巴比特，从此华人区块链世界有了自己的阵地。巴比特从 2011 年开始，成为区块链世界的第一媒体。

进入币圈之前，长铗是科幻圈内知名新锐作家，年轻一代中的佼佼者。我 2002 年与他相识，那时候我们都还迷恋于科幻写作。十年后，长铗偶然在网上发现一篇我写的《比特币唤不醒"斯德哥尔摩症"患者》，二人又在区块链世界里相遇……

巴比特的另一位创始人吴忌寒也是科幻爱好者,现在是大名鼎鼎"比特大陆"的创始人,谈到《三体》这部作品时,眼神就能发出光来。他是一个完全沉浸于数字世界的金融天才,他最亲近的朋友怀疑他根本就没有法币。

与吴忌寒并肩作战的"蚂蚁矿机"合伙人詹克团,它将比特大陆推出的人工智能芯片命名为SOPHON(算丰),灵感来源于《三体》中"智子"的英文译称Sophon。他第一次在区块链世界公开演讲的契机,也仅仅只是因为想与科幻作家刘慈欣同台表演。

烤猫则常年爱穿印着"Don't Panic"的上衣,而那正是《银河系漫游指南》中的经典原话"不要惊慌"。

烤猫的早期投资人,玄链创始人"疯狂小强"早期也在起点连载自己的科幻小说。

还有Fcoin创始人张健创办的"歌者资本",是源于《三体》中的"歌者文明"。

"通证概念"的提出者元道,对2140这样的区块链科幻社区也表示出了极大的兴趣。

……

早期的比特币玩家一起聚会时,聊着聊着就聊到科幻了。

2018年6月,巴比特在乌镇举办"区块链里的科幻世界"跨界圆桌论坛,刘慈欣的出现点燃了整个会场,现场500多人的位置差点被挤爆。身边一位币圈大咖一直在埋怨:想给刘慈欣送点礼物都挤不进去,这是什么世道？

在区块链世界，虽然一直没有刘慈欣身影，但一直有刘慈欣的传说。

刘慈欣谦称自己不了解区块链，但他的发言证明他正深入其中："没有在科幻中见到类似区块链的东西，区块链确实有科幻色彩，我们处在从现实世界向虚拟世界移民，区块链在虚拟世界里建立起信用系统，这是以往没有的。"[2]

除了刘慈欣，更多科幻作家也在关注区块链。

与刘慈欣同时出现在乌镇的陈楸帆，他计划在区块链领域发行版权链。

华人科幻作家刘宇昆新写下《拜占庭移情》一文，与区块链算法息息相关。

郝景芳在《人之岛》里谈到宙斯是一种"分布式"存在，也在向区块链靠拢。

在科幻爱好者的眼中，区块链承载着自己的价值体现和未来梦想，它既技术又哲学，既科学又理想，既现实又超越现实，它像《三体》小说中的"蓝色空间"号，承载着银河系人类的更高梦想。

---

[2] 汤霞玲：《乌镇现场·刘慈欣参加跨界对话：当区块链遇上科幻，会产生什么？》，巴比特资讯，2018年6月30日，https://www.8btc.com/article/228504。

自由主义者的"五月花"

2011年7月,《南方周末》发表文章《比特币,史上最危险的货币》,这是自由主义者第一次在区块链世界发声。

但只有真正读懂了区块链技术原理,拥有真正"自由情怀"的人才会将"区块链"视为通往自由之地的"五月花"号。自2012年,自由主义者开始陆续登上区块链这艘幽灵船。

2013年NEO创始人达鸿飞接受南都网采访时曾说:比特币爱好者是自由主义者,也可能是疯狂极客们,没有计算机背景的用户不太会接触到比特币,而没有自由主义倾向的技术人员即便接触也不会去深入思考比特币将会带来的浪潮。

很多经济学出身的自由主义者因没有技术背景,很难理解比特币背后承载的价值,他们一开始便站在了区块链的对立面。

最著名的反对派就是郎咸平,他最有名的金句是:"你给我比特币,我是不要的。"

一直被认为具有偏自由主义的财新网则发表了数篇攻击比特币的文章。

……

而对于区块链,显然是那些具有革新思想和技术背景的自由思考者更易接受：

朱嘉明，被誉为"中国改革四君子"之一，是最早愿意了解区块链的经济学者；

韩锋，亦来云联合创始人，清华大学博士，谈到区块链与财富观时，自由主义理想信念澎湃；

刘昌用，北京大学经济学博士，区块链领域资深科普学者，自由主义理念的身体力行者；

洪蜀宁，发表了体制内第一篇比特币学术论文《比特币：一种新型货币对金融体系的挑战》；

李真，奥派经济学追随者，早期稳定币万事达币（Mastercoin）中国管理员；

老猫，做过加密货币电商平台"菠萝集市"，硬币资本合伙人，自由主义理念贱行者；

赵东，具有技术背景，墨迹天气创始人，骨子里有强烈的自由主义者情结；

许子敬，HC创始人，当年为了传播比特币的自由主义理念当上百度比特币吧吧主的火星人；

超级君，币信的联合创始人，比特币早期布道者，也是自由主义的坚定信仰者；

叶汉鑫，中国算力创始人，是从矿工团队里走出来的自由主义者；

黄世亮，最早在烤猫公司打工，后来在各大平台专职宣传区块链，自由

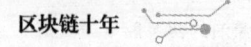

的布道者;

胡翌霖,北大哲学系博士,从事科学思想和技术哲学交叉研究;

熊二,奥派经济学追随者、前币科技联合创始人;

币民南宫远,这也是在微博上极其活跃的自由主义者;

2013年就在微博上布道的"货币之王比特币";

写下许多优秀内容的"不卖自萌VV酱";

......

2013年之前,自由主义者是区块链这艘"幽灵船"的最大群体。

先锋创业者眼中的"小猎犬"号

2013年是比特币的转折年,创业者开始转向区块链世界。

区块链首次开启商业化之旅,创业者将这艘船视为"小猎犬"号。

构成这个江湖的大多数人都是寂寂无名之辈,他们不属于社会主流力量。

在他们眼中,互联网世界已经没有任何机会,而区块链这个大部分人不理解的灰色世界,正是野心家眼中的机会。

这些人不甘心在BAT的版图里闪展腾挪,在他们眼中,格局未定、前景莫测的币圈世界,正是风起于青萍之末的创业之时。

这些野心家分布于全国各地,没有办法全部统计出来,我们以北上深杭作为据点进行剖析：

北京有星空（币信）、李林（火币）、徐明星（OKCoin）、二宝、洋洋、赵东、文浩、张楠赓、张寿松等。

上海则包括初夏虎、暴走恭亲王、达鸿飞、徐义吉、巨蟹、比特咕噜（鲁斌）、王星、赵长鹏、何一等。

深圳圈子最为杂乱，蒋信予（烤猫公司）、罗金海（币须）、申屠青春（暗网币）、刘爱华和芳芳（币看）、姚远（币汇）、黄天威（比特时代）、花松秀（2014年进入深圳）、翟文杰（龙矿）、廖翔（闪电矿机）、杨建军（比特币国际）、王晋（比特帮）等。

杭州则是以巴比特的代表人物长铗、朗豫、宋欢平、屈兆翔为核心，在这里埋下创业的种子。

在这四个城市里面，北京的创业一开始就结合了资本力量，李林主导的火币网和徐明星创立的OKCoin两大交易所超越了比特币中国，成为比特币交易的中心，加上比特大陆、币信和比特派，北京在区块链的创业中又占据着绝对的话语权。

上海创业帮则熟练运用自己的资本运作能力，初夏虎、暴走恭亲王、达鸿飞、徐义吉等都有强大的组织动员和说服能力，2013年虽然没有多少具体项目，但在2017年机会来临之时体现得淋漓尽致，2013年时赵长鹏还在BlockChain打工，何一还没有去OKCoin。

深圳人民喜欢实干，老实地自掏腰包做实体项目，在各个领域都有涉猎，是区块链早期应用探索最全面的城市。但2017年之后，深圳的实干型企业都非常谨慎，因为在2013到2015年之间受过伤了。

杭州聚集了一群区块链信仰者，现在杭州能崛起为区块链商业中心，除了杭州政府积极接纳新思想和新技术之外，巴比特的坚守也功不可没。

2013年开启的这一轮创业极有意义，这些与达尔文类似的先行者登上了"小猎犬"号，为区块链新世界积累了厚实基础，探索了整个比特币产业链，而且有很多落地应用出来，从ATM机到硬件钱包，从跨境支付到电子商务，创业者全都尝试了一遍。

2013年这一年是区块链时代极其辉煌的一年，它是区块链创业者的起点。未来的区块链文明史，很有可能和这一代人紧密相连。

投机者眼中的"泰坦尼克"

2014和2015年是区块链的寒冬时代。

2013年12月5日，中国人民银行等五部委发布《关于防范比特币风险的通知》。从这天开始，比特币走入下行通道。很多比特币创业公司苦苦挣扎，大批的创业者离开了这个圈子，一起走过来的比特币圈小伙伴一定能感知到以下的路径图：

比特币在行情4500美元的时候，比特币的创业者聚在一起撸串。

比特币在行情3500美元的时候，北上深杭还能找一帮子人聚会。

比特币在行情2000美元的时候，很多比特币创业者开始卖币为生。

比特币在行情900美元的时候,再也没有人谈及比特币了。

万马齐喑,暗无天日。

……

2014年3月,久负盛名排名世界第一的比特币交易所Mt.Gox破产,无数比特币的早期玩家被埋进深坑。这座神殿的坍塌让很多人对比特币失去了信心,毕竟Mt.Gox在很长时间是比特币价格的灯塔。

同时,中国两大交易所引入可以做空的期货交易,更多投机者开始"做空",手段无所不用其极,比特币价格连创新低。

2014年5月,以太坊创始人Vitalik Buterin来到中国传播他的以太坊理念,整个币圈还沉浸在这种凝重的气氛中。

在深圳第一次见到Vitalik时,他稚气未脱,身材瘦削,精灵般的蓝色眼珠透露出清澈而温暖,像个邻家小男生。他讲话语调平缓,缺乏激情,以至于下面的人听得昏昏欲睡。已经进入币圈寒冬,没有几个人真正在意Vitalik讲了什么,后来在网上传播的那张Vitalik在深圳的合照,集齐了现在币圈的半壁江山,Vitalik躲在后排右边的第四位,小脸还被蚂蚁矿机的李盈菲和比特币国际的杨建军挡去了一部分。

每个人都想在这样的会议里寻找机会,比特币前途晦暗不明。

2014年是一段备受煎熬的岁月,就算信仰者仍然认为比特币一定会成为未来"货币之王",但没有雄厚的资本实力也不得不另谋他路。

2015年初,中国发生了两次规模较大的丢币事件。一个是比特币存钱罐的跑路,另一个是比特儿被盗8000多比特币。区块链这艘"泰坦尼克"被这些暗礁撞伤了无数次。

2015年8月我从深圳跑到了北京卧佛寺参加财新网举办的版权会议,晚上喊了星空,星空叫来了赵东。三人坐在卧佛寺庙天井,谈起币圈物是人非,彼时赵东负债数百万,星空认为币须网、ColaPay都是好产品,想撮合我们合作,让做实体的和做运营的联起手来,也许这事尚有转机。

那晚卧佛寺天黑如墨,只余小院子里一点昏黄灯光,三人也不知道谈到什么时候,我只记得送他们出寺时,根本就看不清楚前行的路。

在这段艰难的岁月里,信仰者坚持了下来,无路可去的人坚持了下来,拿了投资的大交易所坚持了下来,重资产的部分芯片商坚持了下来。

在这段艰难的岁月,矿工走遍中国寻找低价水电,仍然在坚持拓荒式生存。

2015年,如果说区块链世界还有一丝温暖的话,那就是万向集团高举"区块链"大旗成立区块链实验室,开启了区块链金融的大门,给币圈打了一剂强心针。在这里要感谢肖风和沈波,他们在区块链危难的时候站了出来。逆潮流而动,并能创造趋势,意义非凡。

上海证券交易所前总工程师白硕,认为区块链的本质特点是可编程性,从科技金融方向曲线支持区块链。还有孟岩和元道这些传统IT圈的互联网创业者,他们从技术的角度中立去看待区块链,与比特币的理性主义者遥相呼应,不再强调自由主义这些原教旨理念,而是将"区块链"概念抽离出来,让更多人从技术层面了解比特币是什么。

这是艰难的两年,很多优秀的创业公司因为坚持不了而倒闭,许多优秀的项目也中途夭折。

对于2013年涌入区块链这艘"幽灵船"的投机者而言,区块链成了那艘即将撞上冰山的"泰坦尼克"号,随时有可能折戟沉沙。

新锐资本眼中的"航空母舰"

2016年寒潮暂退,但大部分人没有感觉到春天来临。

历经2013年的比特币洗礼,很多金融圈精英一直在思考区块链与自己行业的结合。

从技术层面来讲,2015年以太坊的出现,给区块链世界创造了一个新大陆,对比特币的关注逐渐转移到区块链上,一些传统机构开始思考比特币的底层技术区块链。

2015年到2016年之间出现的超级账本和R3联盟,给区块链世界带来信心的支撑。虽然冬天尚在,但世界似乎已经在悄悄改变。

2016年7月8日比特币产量减半,这一天没有发生什么大事,却为比特币后期价格的飙涨埋下伏笔。

2016年8月份小蚁第二期成功众筹到6119BTC,让币圈很多人为之震惊,最具有资本头脑的一群人已经闻到春天的气息。

2016年底,由于中美之间的汇率之争日趋激烈,资本圈和金融界最新锐的力量已经意识到加密货币可能提供新的渠道,暗流涌动,金融助力,这些人对区块链表达出一种相见恨晚之意,来自加密世界的幽灵船在他们眼中不再诡怖可怕,而是争先恐后搭上通向未来世界的"新航母"。

2017年ICO(Initial Coin Offering,首次币发行)横空出世后,全世界为之动容,一切已经不一样了。

"区块链要颠覆互联网",很多人发出这样的感叹。

2017年是载入区块链史册的特殊年份,它与2013年有点类似,商业资本疯狂涌入,骗子横行,泥沙俱下。但与此同时,各种新团队、新技术和新应用也纷纷涌入,新生的区块链世界和传统的互联网世界要联通了。

新生力量的介入,区块链世界天翻地覆。

2017年以来,动辄百倍回报的项目俯拾皆是,特别是那些优秀项目。区块链开启的财富效应让互联网世界垂涎不已。

EOS(Enterprise Operation System,一种智能合约平台)项目融资42亿美元,成为史上最成功的众筹区块链项目。

加密通信提供商Telegram,在只有200人参与的私募活动中共筹得资金12亿美元。

IPFS项目仅仅出售10%的份额就筹集到了2.57亿美元。

这段时间国内也涌现许多优秀的区块链项目。

各大公链就不讲了,NEO、比原、元界、星云这些币圈老人项目开始了新的长征。

2017至2018年,一些新的项目也熠熠闪光:

联盟链有李伟主导的国产自主可控的 Hyperchain；

何斌以 ERC20（Ethereum Request for Comments 20，一种智能合约的设计标准）为切入点占领加密货币钱包的制高点；

李俊发布的基础公链"本体网络"也得到技术宅的关注；

还有传统众筹平台"开始吧"转型的 SLife 项目；

……

项目之外，token（通证）资本纷至沓来，开始包装自己的区块链身份；

更多新生代想抢班夺权，希望在"幽灵船"上打下自己的烙印。而其中，也有不少骗子也开始伪装成专家，在这个新的财富神话时代，为成为"币圈网红"无所不用其极。

……

2017 到 2018 年是一个"西部掘金"时代，各种新概念新技术也被推广开来，从 EOS 到 IPFS，从 ERC20 到 ERC1404，从公链到 DApp，从币改到链改，从 token 经济到稳定币，各种未来的区块链生态扑面而来，包括传统的互联网巨头也没有办法淡定，网易的"星球基地"、百度的"度宇宙"、阿里巴巴的"麻吉宝"都一个个抢赛道。与此同时，各种专家、高校、垄断型互联网企业，包括政府都趋之若鹜，抢夺这十年来技术极客和早期布道者创造的加密世界的话语权，重建自己的中心节点。

那艘中本聪一人驾驶的"独木舟"，已经成长为"航空母舰"。

通往世界尽头

海面上的那一抹蓝色幽灵,虽历经十年风浪,但航向未变。

当然,它不仅仅是一艘船,它是一段开源程序、一种密码算法、一个P2P的电子支付系统、一台世界性的计算机、一个人类新的底层操作系统……

2018年,区块链世界仍然隐藏在迷雾之中,这艘幽灵船还在继续它的诡异之旅。

没有人完全清楚未来的方向,这艘幽灵船也一直在变换它的模样。每一次新技术的出现,都可能赋予它新的形态。

如果想要真的找到彼岸世界,只能和它一起走向世界尽头。

探索区块链的边界

长铗

计算即权力,也是权利。未来人们掌握了计算力,就掌握了权力。同样,人们也应享有计算资源的自由,好比使用电力、互联网。

——长铗

计算即权力

  大约在 2008 年,我在创作《屠龙之技》这篇科幻小说时,第一次被"计算主义"思想所打动。计算主义在当时并不流行,只有一个叫斯蒂芬·沃尔夫勒姆的非主流计算机科学家,在推行一种叫新科学的理念,试图用计算理论来解释一切,认为宇宙的本质就是计算,世界就是一套简单规则产生的复杂现象。受此启发,《屠龙之技》构思了一个"计算即权力"的世界,在云计算时代,由于黑客可以掌握巨量的计算资源,这使得他们的能力不成比例地放大,从而可能创造史诗般宏大的工程。

  那篇小说刚发表时,并不受读者欢迎。有人批评情节太离奇,故事像武侠而不是科幻。当时还在读研的我发帖争论说,这是因为他们不了解无尺度网络。由于网络效应,互联网上的事物往往不遵循正态分布,而符合幂律分布。无尺度网络会把人的能力放大到超乎常人想象。

  直到 2010 年,我第一次从媒体上读到比特币的新闻,并研读了中本聪的白皮书《比特币：一种点对点的电子现金系统》后，我突然意识到，科幻与现实的边界已模糊不辨。小说所想象的场景正在真实地上演，而中本聪凭一己之力所创造的奇迹，可能并不亚于，甚至超出小说主人公所创造的计算工程。而创造这样的工程需要这三项素质：

对货币的深刻理解；

对计算的深刻理解；

能将想法变成软件的编程能力。

凯文·凯利的《失控》这本书用整整一章来描述 20 世纪 90 年代那群密码朋克。他们试图用代码构建世界货币，其中不乏像大卫·乔姆这样的密码学家，但他们都失败了，我对这些天才的失败记忆犹新。

大卫·乔姆的失败，可以归因于他对加密货币的实现仍然是基于传统互联网模式，基于中央服务器，基于公司形态的发行机构。他在 1990 年创造的 eCash，与网络游戏《第二人生》的林登币、魔兽世界的金币、腾讯的 Q 币并无本质区别。

戴维——这又是一个匿名者，据传是华人计算机科学家——他提出的 B-money 已经非常接近于比特币的设计，同样是基于点对点技术的去中心化架构，可惜他未能为共识引入计算机制，这使得 B-money 很难解决女巫攻击问题[3]。黑客可以用廉价成本获得大量共识投票权力，从而主宰整个

---

[3] 女巫攻击（Sybil attacks）：在网络中，通过控制系统的大部分节点来削弱正确数据冗余备份的作用。

加密货币体系。

尼克·萨博，智能合约之父，在 2005 年提出了 Bitgold（比特金）设想，用户通过竞争解决数学难题，再将解答的结果用加密算法串联起来公开发布，构建出一个产权认证系统。该系统已经非常接近于比特币思想，可惜他更擅长理论研究，而非编程实现。他曾在论坛发帖悬赏开发者，但这个项目的开发难度实在太大，结果自然是可预见的，无人问津。

所以，第一个把鸡蛋立起来的桂冠属于中本聪。我详细介绍这些比特币诞生的细节，是因为正是这些背景知识决定了我当时对比特币的认知。我见过太多的人骄傲地说他在 2009 年的时候就知道比特币，见过太多人遗憾说当初买过上万个币，后来都卖早了。接触比特币信息之早，并不能说明什么，对区块链思想的理解程度，才决定了他能走多远。毕竟，像《教父》里所说的，"花半秒钟就看透事物本质的人，和花一辈子都看不清事物本质的人，注定是截然不同的命运"。

2011 年的时候，网上关于区块链的信息非常稀缺，我只得在工作之余做信息的搬运工，从英文网站翻译些资讯和帖子，发在自己的网站，网站留有我的比特币地址。有一天，文章下有个人留言："博主，我觉得你的站很好，为什么不申请个独立域名和空间？你的那个地址，0.168BTC 是我捐的。"当时了解比特币的人堪比大熊猫般稀少，在生活中我很难遇到能交流比特币的人。我自然不会放过与他交流的机会，加 QQ 后才知道他叫吴忌寒，他也是国外最大比特币社区 bitcointalk 中文版的版主。

后来我们一起为网站贡献内容，注册了新域名 8btc.com，他提议叫作巴比特。他还翻译了比特币白皮书，"区块链"一词就是他翻译的。很多人翻译过比特币白皮书，但QQagent（吴忌寒的笔名）版是最经典也是流行最广的。中本聪是工程师的写作风格，行文是标准的论文格式，出于匿名的考虑，他还有意使用了一些非常规词汇，里面还夹杂数字公式，给翻译者和读者造成了不少困扰。吴忌寒是北大经济学和心理学双学位毕业的，他的数学功底很深厚，翻译几乎没有纰漏。我曾经给他指出一个错误，讨论后才发现，是我自己理解错了。

QQagent版中文白皮书很严谨，每个细节都经得起推敲，很多区块链专门术语的中文名都源于此。比如对"区块链"一词的翻译，就很直白准确，点出了"区块"这种特殊的数据结构。这很关键，很多新的分布式共识并不具备区块这种结构，故而很难说是严格意义上的区块链，只能算作分布式账本。有人翻译成公信链、环链、块环链等，这就有点望文生义，甚至与原意南辕北辙了，脱离了区块链最本质的定义。

再比如他把"transactions"翻译成"交易"，有人就指出这可能是个史诗级的错误，因为字面意义应该翻译成"转账"。实质上，翻译成"交易"具有惊人的预见性，需要对比特币的UTXO（未花费过的交易输出）模型有深刻的理解。因为对去中心化的UTXO而言，本来就无所谓账户概念，账户是传统的互联网概念，本质上是中心化的。尤其是当Bytom（比原链）把UTXO扩展为BUTXO后，可以在同一笔交易中实现多种资产的转移，这是事实上的交易行为，而非转账行为。

我唯一要抱怨的是"Proof of Work"被翻译成了"工作量证明"，"工作量"一词很容易误导公众，认为存储服务、交易、创作文章、聊天等什么乱七八糟的都能算成工作量，但其实只有计算量才是可验证的，其他所谓"存储即挖矿""交易即挖矿""内容即挖矿"等都是无法验证的，比如交易可以被刷量，创作文章可以被抄袭、复制，这种创新只是一种激励机制创新，而不是什么共识机制创新。所以"工作量证明"其实应该叫作"计算量证明"。但中本聪本来就是这样写的，这自然不是翻译的错，也不是中本聪的错，因为他也只是引用了前人的成果，工作量证明机制是亚当·拜克所提出的。

2013年底，吴忌寒给我打电话，邀请我与他一同创业，去做矿机。我拒绝了，我说："你去淘金吧，我来卖水。"因为这样一个选择，我们走上了完全不同的创业之路，几年后比特大陆发展为超级独角兽，媒体报道说它的利润甚至超过蚂蚁金服。有记者问我有没有后悔当初的选择。我的回答当然是没有。这绝不是什么出于自尊的掩饰，而是内心的真实声音。

如果说过去几年我的创业有什么值得总结之处，那就是我一直遵循初心的选择：在区块链的幼年阶段，做区块链知识传播与技术普及，让更多开发者和创业者参与到这一互联网级别的创新当中。

2013年，我与朋友共同创作《比特币：一个虚幻而真实的金融世界》，为了成为市面上第一本区块链专著，出版社要求一周内完成组稿。七个人没有一个人拖稿，全都如期完成。只因我们那时内心火热，有无数想法想表达，有无数误解想澄清。原来的书名是《比特币：一个真实而虚幻的金融世界》，出版社编辑把虚幻调到真实之前，可见他并不认可比特币的理念。可是，虚幻的比特币真实地活下来了。现在看，书里的内容还颇具前瞻性。

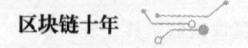

智能合约、智能资产、彩色币、零知识证明等今天热炒的概念在书中都有介绍。

早期"卖水"的收入自然是微薄的,创业维艰是巴比特起步阶段的真实写照。在 2014 年第二波比特币牛市崩盘之后,一夜之间,所有初创公司都融不到钱了。我已经不记得被多少投资人拒绝过,我想没有 100 个也有 50 个吧。被拒绝到已经麻木了,但有一个场景我仍记忆犹新,一位知名投资人有些激动地问我:"你怎么让我们前台小姑娘使用比特币?"当时我面红耳赤,一时回答不上来,直到我走到电梯口才想起,我包里背着纸钱包打印机,其实我是可以把比特币私钥打印下来送给前台小姑娘的。

我见过太多投资人,他们毫无疑问属于最智慧的那群人。但正是这群人,对区块链的误解也最深,这是个有趣的现象。佛学上说的知见障,大抵如此。过去的知识反而构成新认知的障碍,过去的经验越成功,判断越准确,反而越构成对新事物尤其是颠覆性创新的盲点。

在这儿,我想提三大问题,这些问题最容易造成人们对区块链的误解。

不可能三角

第一个问题,不可能三角:区块链系统的安全、效率、去中心化三者之间不能共存。这个理论是我在 2014 年提出来的,当时很多人批评 PoW(工作量证明)造成了巨大的能量浪费,试图用非计算共识如 PoS(股权证明)等来取代计算共识。但我研究发现,PoS 等非计算共识的提出虽然节约了能源,但却带来新的问题,牺牲了去中心化。

这个理论甫一提出,便引来了铺天盖地的批评。论坛上《不可能三角形:安全,环保,去中心化》这篇文章④下有 90 多条评论,大多是反对我的。NEO 创始人达鸿飞、YOYOW 创始人巨蟹都与我有过激烈的讨论。当时我参加会议活动,大家都笑称我为"长三角"。这些批评是可以理解的,因为当时开发者、研究者都有根深蒂固的互联网思维,即优化思想,认为可以通过技术手段实现极致的效率。但这对于区块链而言是不成立的,因为要实现去中心化共识,需要引入计算的竞争,竞争就会带来计算成本。

其实在很多分布式领域都存在不可能三角,比如在分布式计算领域存在"一致性、分区容错性、可用性"的不可能三角,在分布式域名领域存在"安全、去中心化、人类可读"的不可能三角。所以区块链不可能三角其实是归纳出来的,但是若要证明这个问题,可以把它归约到另一个问题,即数学上的希尔伯特公理体系的"不可能三角"。它讲的是在公理体系中,如果命题满足独立性和一致性,那么将不具可判定性。不可判定性已经被丘奇和图灵证明了,从这个思路出发,其实区块链不可能三角也是可被证明的。从数学上讲,它们其实是同一个问题,一致性其实就是安全性,即命题之间不能相互矛盾。独立性就是去中心化,每个命题之间不可能相互推导出

---

④ 长铁:《不可能三角形:安全,环保,去中心化》,巴比特资讯,2014 年 2 月 4 日,http://www.8btc.com/article/7836。

来。可判定性就是效率，不存在一个通用算法，可以提前验证一个命题是否成立。

几年后，对"不可能三角"的争议渐息，反而逐渐被接受为行业共识。对共识机制的创新其实并无高下之分，并不存在新的共识机制可以一劳永逸地解决全部问题，而只是在三角中选择一种平衡，比如牺牲部分去中心化而寻求更高效率。

"去中心化"究竟何意

第二个问题，去中心化是一个过程，而不是结果。过去几年里，人们对区块链的最大误解可能就是对"去中心化"这个词的理解。按字面含义，去中心化就是节点的分散、数据的分散、矿工的分散、开发者的分散……有人试图通过算法的改进，阻抗 ASIC 芯片的研发，避免算力的中心化。当然，这些努力都是掩耳盗铃，算法并不能阻止而只能延缓专业化挖矿芯片的诞生。甚至还有人认为，矿工的分散（人人都能用个人电脑挖矿）是中本聪的初心，中本聪支持"一 CPU（中央处理器）一票"，即每个用户通过个人电脑、手机就能挖矿。

需要澄清的是，"人人都能用个人电脑挖矿"恰好是中本聪所反对的"一 IP（互联网协议地址）一票制"，这是因为每位矿工的电脑都贡献为一个全节点，相当于网络节点的所有 IP 都拥有相等的权力。那么，那些拥有分配大量 IP 地址权力的人，比如僵尸网络就可能主宰比特币网络。僵尸网络中最多可包含数十万台机器，如暴风木马拥有 25 万个节点，远远大于比特币全网节点数，暴风木马控制的僵尸网络可以轻而易举地发起 51％ 攻击。中本聪所言"一 CPU 一票"实际是说一个计算单位代表着一个权力单位，拥有的计算力更高，即意味着更高的权力，"一 CPU 一票"的说法只是"计算即权力"思想的量化。

每个人都能通过自己的个人电脑、手机挖矿，这看起来是更公平、更去中心化的理想社会，可为什么区块链的安全性反而降低了呢？原因很简单，"去中心化"并不是一个描述结果的词，而是一个描述过程的词，结果的去中心化并不意味着过程的去中心化，僵尸网络的节点在状态上是分散的，但在行为模式上具有高度一致性，表现的相关性将为 1。这些节点数量不管多么庞大，都将被视为同一个节点。又如著名的 Bitfinex 交易所被盗事件，Bitfinex 虽然使用了多重签名，但由于 BitGo 所保管的那把私钥，对所有来自 Bitfinex 服务器的请求都自动签名，两把私钥实际上仅相当于一把私钥。不管是使用多少把私钥的多重签名，不管这些私钥的保管在空间上是多么分散，只要这些私钥的行为模式具有一致性，那么这个多重签名方案就是不安全的。

"去中心化"的本意是指，每个人参与共识的自由度。他有参与的权力，也有退出的权力。在代码开源、信息对称的前提下，参与和决策的自由度，即意味着公平。可见，"去中心化"并不是什么新词，它其实就是亚当·斯密的那只看不见的手：市场的自由竞争。近年来，有学者提出"去中心化"这个词不恰当,尤其是一些自由主义学派赋予了它不必要的含义,建议用多中心化、弱中心化或分布式代替。其实这有点杞人忧天了,去中心化既不是要消除中心,更不是自由主义者所理解的具有政治含义,它完全是一个中性的词,核心理念是自由竞争。

在竞争机制下,算力的集中并不是什么可怕的问题,一方面,由于高昂的计算力成本,矿池、矿工发起51%攻击不符合理性经济人的前提;另一方面,即使存在不可理喻的疯子,比如拥有大量算力份额的矿池,他们的攻击也不可持续,因为矿池的算力并不真正属于他们自己,且随时面临新加入的算力、新玩家的挑战。算力集中本身就是市场的结果,任何一个开放系统在自由竞争下,都会形成专业化分工,这就好比生物有机体的组织分化。专业化的矿工、专业化的支付钱包、专业化的区块链数据服务商……这些正是区块链去中心化的结果,而不是我们处心积虑要避免的后果。

所以,人们对矿霸的批评是不成立的。为了追究所谓的"去中心化",加密货币社区集体抗议和抵制以比特大陆为代表的ASIC(专用集成电路)矿机生产商。有一个最为典型的例子,以太坊、门罗币均在设计之初加入"抗ASIC"特性,试图让ASIC相对于具有通用计算性的GPU(显卡)、CPU不具优势。当然这种"抗ASIC性"并不成功,比特大陆很快就发布了针对以太坊、门罗币的ASIC矿机。《财新周刊》将"比特大陆野蛮生长"作为封面文章对此进行了报道。在接受财新采访时,我指出社区对ASIC的抵制正是基于他们对去中心化的错误理解。事实上门罗币一直处于僵尸网络的控制之下,中心化程度较比特币有过之而无不及。

在这一点上，我完全支持矿机生产商的创新，正是这种超摩尔定律的技术演进速度，使得比特币等 PoW 机制的区块链建立了牢不可破的算力城池，使得地球上任何人都可以安全地使用区块链转移资产。如果区块链仍停留在 CPU 挖矿时代，这个网络是完全不可信任的。

我和吴忌寒在大部分观点上是一致的，尤其是对计算的理解，他推崇"计算之美"，我推崇"计算即权力"。但是在第一个问题上，我们有可怕的分歧。吴忌寒相信区块链的容量、易用性、交易成本决定它的价值，所以比特币若要被大众所接受，必须要扩容、提高交易效率。然而，我一直认为，追求效率就要牺牲去中心化，这仍是互联网思维，更不能通过硬分叉这种牺牲稳定性的野蛮方式来解决。

2016 年时，吴忌寒因扩容问题而与比特币核心社区势同水火，几乎所有媒体都站在他的对立面，有媒体甚至用世界公敌、寡头、叛逆者来形容他。[5] 这时巴比特似乎成了他唯一的靠背。毕竟，他一直非常重视巴比特前联合创始人这一身份。那时候，也是巴比特最艰难的时段，搬到了一个偏远的科技园，办公室很小。

需要提到的是之前 2015 年的一天，在被 50 个投资人，其中包括我的两位前合伙人拒绝后，我疲惫地回到租住的浙大旁的商住两用房楼下，坐在河边的栏杆上给吴忌寒打了个电话。我支支吾吾，还没有说几句话，他

---

[5]Bailey Reutzel & Pete Rizzo,"Most Influential in Blockchain 2017 #10:Jihan Wu",2017, https://www. coindesk. com/coindesk-most-influential-2017-10-jihan-wu/；一号财经：《吴忌寒的围城》，2018，http://www. sohu. com/a/256679455_100204343。

就说知道了。第二天钱就打来了。可以说,吴忌寒不仅是巴比特的创造者之一,更是巴比特的拯救者。

所以,当他也需要帮助的时候,他很自然地想到了我。有一天,他从北京飞杭州,很突然地造访巴比特的办公室,我们一起合影。寒暄之余,我才意识到他是带着心事而来的。但是他一句话也没提,我们沿着京杭大运河边走边聊,聊杭州的生活,聊小桥流水。我们没有提任何业务上的话,但我感受到了他的压力。

然而,在扩容之争中,巴比特始终保持了中立。有一天,吴忌寒打电话和我说,你就是帮我一次又怎样?那也是他最后一次主动请我帮忙。创业以来,我从未对巴比特的价值观产生过怀疑,唯有这一次,我怀疑过,这些坚持的原则是否真的那么重要?幸好,多年后我可以释怀了,他并未因这件事而心存芥蒂。

过去几年,在演讲与文章中,我一直呼吁业界对区块链、去中心化等定义正本清源。2017年5月,在工信部信息化和软件服务业司指导下,中国区块链技术和产业发展论坛公布了《区块链和分布式账本技术参考架构》标准,第一次把区块链与分布式账本的定义区分开来,这是一个可喜的进步。但是,让业界接受"去中心化"的定义,这是一个漫长的过程。比如流行甚广的下图1,虽然指出了去中心化网络具有多中心的结构,但静态的图片并不能反映过程的全貌,最准确的图示应该是用动图的方式,表示那些边缘节点也有参与共识并成为中心节点的自由,这是一个动态的竞争过程。所幸,越来越多有识之士已经意识到去中心化的过程定义,比如肖风老师在《区块链:通往资产数字化之路》序言中指出:区块链,尤其是比特币区块链所谓的"去中心",其实表述的是一个过程,而不是结果,最终结果不会是完全去中心的。去中心的范围也仅限于经济和商业治理方面。就算在经济和商业治理方面,我们看到的也更多是"分中心""非中心",而不仅是"去中心"。

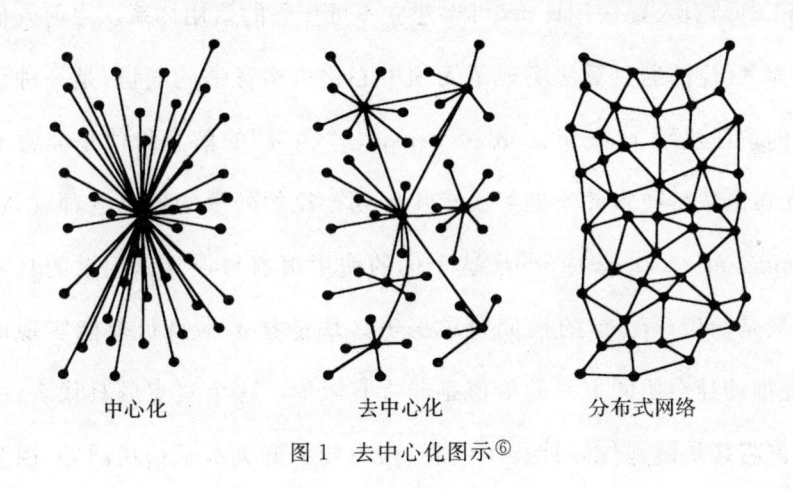

中心化　　　　　去中心化　　　　分布式网络

图1　去中心化图示[⑥]

如果说我的第一个观点,终于获得了业界的多数认同,第二个观点,也引来了少数共鸣,那么第三个观点,从目前的反响来看,可谓是知音难觅。

[⑥] Vitalik Buterin,"The Meaning of Decentralization",2017,*Medium*,https://medium.com/@VitalikButerin/the-meaning-of-decentralization-a0c92b76a274。

交易的热力学第二定律

第三个问题是，区块链存在"交易的热力学第二定律"，通过将币天（CoinDays）引入到信用评价，可以建立不可作弊的信用体系。之前人们普遍认为，区块链通过算法实现了无须中心化机构背书的共识，是一种无须许可的信任机制（permissionless trust）。"客观"的信息价值是非常有限的，光靠区块链技术并不能解决信用问题。比如阿里的曾鸣老师就认为："permissionless trust 中 trust 这个词的使用很容易误导。记录的真实性仅仅只是信用（trust）的最低要求……区块链技术本身目前能实现的共识，在推动社会协同方面的价值是非常有限的。"这个观点颇具代表性，业界普遍将区块链视作一种技术创新，认为技术解决不了信用问题，因为信用本质上是一个人性问题。

我对此有不同看法，上述观点的局限性在于仅把区块链视作静态的公开透明、不可篡改的账本，而忽视了链上交易不可逆的过程特性。这个特性足以颠覆过去 5000 年来我们对交易的理解。自从人类发明货币以来，我们一直把交易理解为等价交易，而忽视了交易过程的时间箭头。链上交易具有币天这个时间戳。币天是区块链的一个非常重要的概念。顾名思义，币天等于每笔交易的金额（币）乘以这些币在账上躺的时间（天），比如你花了一笔 100 天以前收到的 10 个币，在这笔交易中就销毁了 1000

币天。

在《区块链:从数字货币到信用社会》一书中我指出,如果把每笔交易中销毁的币天作为信用评价因子,就可以建立不可刷的信用评价体系。该体系规定在一次交易中,销毁的币天越多,则信用评价的权重越高。当刷客试图用两个账户反复交易刷好评时,第一次交易的评价是有效的,但历史上累积的币天在交易完成之时便已销毁,当进行第二笔交易时,由于发生在第一次交易后不久,币天积累非常之小,相应地,对信用评价的贡献微乎其微,其后所有频繁交易的币天销毁总和同样也非常之小,用户利用同一笔钱反复给自己刷好评,不管进行多少次,其最终效果与第一笔交易所带来的信用评价几乎一样。同样,将差评师试图通过大量小额交易对用户以恶意差评时,由于信用评价正比于销毁的币天,由于交易的额度太小,同样也几乎不能对用户的信用造成影响。所以,刷信用行为在区块链交易中不再成立。

需要指出的是,人们过去总是把信用当成一个人性问题,试图从道德层面约束交易行为,淘宝、京东建立极其复杂的信用体系,试图区分真实的交易行为与作弊交易行为,并通过大数据分析,结合用户的社会关系、职业、收入甚至公共事业缴费单,来评价一个人的信用高低。然而在区块链的信用评价中,信用其实是一个数学问题,在刚才的例子中我们看到,用户的交易行为不再被区分为作弊交易与真实交易,所有的交易行为被一视同仁,通过数学赋予交易以成本(币天销毁),便可以使信用评价结果准确地反映用户的真实信用。作弊是被允许的,不存在一个中心化权威可以跳出来宣布冻结你的账户，但即使你作弊，也不会对任何人的信用产生影响。

如果说等价交易就好比交易的热力学第一定律，那么，币天销毁的发现，就好比发现了交易的热力学第二定律。熵(shāng)增加原理讲的是：孤立系统的熵总是增加的。同样，我们也可以给出交易的"克劳修斯表述[7]"：一个交易系统中的币天总是销毁的，不可能在一笔交易中不销毁任何币天。

基于币天销毁的信用评价能解决刷信用问题，这很难被人理解，一方面是因为"交易就是等价交易"的思维根深蒂固，很少有人意识到交易的时间箭头的存在。而区块链用币天这个时间戳忠实地记录每笔交易，这使得诚实交易和刷信用交易在统计上可被区分。这一统计过程与同位素测年的原理类似。同位素一旦进入生物体内，就是在一个封闭体系里衰变，稳定同位素的积累速度与外部环境中的同位素积累速度并不一样，利用这种速度差，就可以测出生物的年代。同样，刷信用行为可以视作在封闭体系里的交易，诚实交易可视作开放体系里的交易，它们对币天销毁的积累速度是不一样的。

然而，币天应用于建立信用社会的道路还很曲折漫长。一方面，这取决于链上交易的普及，没有量的积累，就无法建立统计上的有效性；另一方面，链上交易不可逆转性的代价是高昂的计算成本，虽然能源上的消耗不

---

[7] 克劳修斯表述：不可能将热从低温物体传至高温物体而不引起其他变化。它属于热力学第二定律的其中一种常见描述。

可避免，但是硬件成本，却是一个无法回避的问题。比如比特币矿机，如果不做挖矿（哈希运算），几乎就是一堆芯片垃圾，这其实也是一种社会资源浪费。虽然作为狭义区块链的支持者，我一直强调计算的价值，但是计算的方式却是一个值得推敲的问题。

计算的融合

2017年，区块链、人工智能、大数据作为三大新兴科技占据了各大媒体的头条，有人总结出了它们背后的区别，分别代表生产关系的变革、生产力的变革和生产资料的变革。更多人看到了它们之间的交集：计算。2015年，比特大陆宣布进军人工智能芯片市场，2017年发布AI芯片BM1680，希望在人工智能领域复制他们在区块链挖矿芯片的成功经验。一家名叫Vectordash的硅谷公司推出机器学习共享算力平台，收集区块链矿工的GPU的算力，用于AI深度学习加速服务。还有更多项目在探索区块链与人工智能的融合，用区块链技术来解决AI数据隐私和共享问题，用AI技术来实现真正的智能合约……我意识到两者最大的融合将在计算之上，如果把这两个领域比作两个水池的话，区块链的计算力水位非常高，堪比胡佛大坝；AI的计算力水位却是非常之低，长年停留在GPU、FPGA（Field-Programmable Gate Array，现场可编程门阵列）的阶段。如果我们能将两个水池打通的话，区块链的水位将会下降，AI的水位将会上升。我们其实是可以用同一个水池来作为两大领域的计算资源。

当我把这个想法与圈内技术大牛交流时，十位中只有两位赞同我的想法，其他人要么认为不可能实现，要么认为就算实现了也毫无价值。很幸运，我们成功在 2017 年推出了 Bytom Tensority 算法，将 AI 运算最高密度的矩阵运算应用于共识计算当中，这使得 AI 芯片可以应用于 Tensority 算法的挖矿。当初那位支持我的朋友在文章[8]中评价道：Tensority 算法或将改变 AI 芯片的生态。首先，Tensority 算法的低功耗设计放大了功耗对于 AI 芯片的重要性。其次，挖矿降低了 AI 芯片的设计风险和回本周期。AI 芯片都是复杂的 SoC，如果某个部件有 bug，或者整体的 spec 不太合适，可能销路就会出问题，但这样的芯片，仍然可以用挖矿来回收一部分成本。最后，挖矿促进了 AI 芯片的普及，部署了 AI 芯片的手机、摄像头、人脸识别设备等物联网终端都可以参与区块链挖矿。

区块链不仅让计算更去中心化，从云端向网络边缘延伸，也使得数据更去中心化，通过同态加密、多方安全计算、零知识证明等加密技术，让所有数据共享者、计算参与者都享有数据的红利，而不只是巨头们的豪门盛宴。当我们在共识算法层面探寻区块链与人工智能的统一时，也有人在更底层研究高性能非信计算网络。PlatON 创始人孙立林认为，传统互联网架构面临挑战，参与到全球互联网计算的节点指数级增长，每个节点都有

---

[8] torvaldsing：《矿机的一小步，芯片的一大步》，巴比特资讯，2018 年 4 月 28 日，http://www.8btc.com/article/200538。

自己的计算能力和存储能力，希望得到更多计算权力、产生更多计算价值，而传统架构越来越难以支撑这一需求。PlatON 研究 MPC 算法，可以保证在本地数据不被归集、隐私不被泄露的前提下，各方仍然能通过执行既定逻辑运算而得到一个共同想要的结果。[9] 一次偶然机会，我和孙立林分享彼此书单，发现我们都是计算主义拥趸，我们所做的创业方向，也是计算之路的不同层面。

由于这些年来我一直坚持第一性原理思维，理念先行，创业践行。而我所坚持的区块链理念，属于最狭义的区块链定义，即基于计算共识的区块链，因而与很多朋友有分歧。他们有的是巴比特创始元老，有的是巴比特专栏作者，有的是巴比特社区大 V，有的和我一起写过书，比如鲁斌、达鸿飞、巨蟹等。我们争执过，翻脸过，一度怀疑友谊是否还能延续。但有一点我可以确信，巴比特并不会因为我而党同伐异，而是会一直开放、公平地发表各方观点。现在我们都有自己的理念、自己的项目，踽踽独行在不同的方向。区块链这个领域，没有权威的专家，没有无可争议的定义，没有前人的经验可供参考，所有人都像是未知世界的冒险家，四处探索黑暗世界的边界。何不再过十年，我们回头看今天的探索，哪边是悬崖深渊，哪边是星辰大海。

---

[9] 孙立林:《Trustless computing——下一代计算架构》，第四届区块链全球峰会，2018 年 9 月 11 日。

区块链:形成浪潮的力量

韩 锋

比特币是全球自由市场对于货币发行金本位制缺失的反制。

——韩 锋

区块链的救赎

区块链十年，人们的故事有喜有悲。

可不管怎样，区块链就像一场宁静的革命，悄然又坚定地改变了这个世界，改变了无数人的生活——其中，当然包括我的。

从几乎一文不名的谷底，到他人眼中的人生赢家，或者说财富自由，其实，人们看不到的，是机遇之外的那些东西，那种站在浪潮之巅，可以一起改写世界车辙走向的沸腾感和幸福感。

如果你有参与，你会明白我在说什么。

因区块链实现人生"逆袭"的故事，你可能听过太多。

可像我这样，区块链成为我物质和精神世界的双重拯救者的，却一定不多。

接触区块链前，我精神世界中最神圣的东西是量子力学。

20世纪90年代，我在清华读博士，研究量子力学。刚刚结婚日子过得清贫，不过，更苦恼的事情是，我觉得自己一直没有读懂量子力学，便决定下海创业，并把握住了在线教育的风口，创立了中国最早的语音教育网站之一——云舟。1998年的年营业收入达到当年新东方的1/3。事业虽然非常成功，可我当时却觉得办企业并不是自己的最终追求，就继续回到清华攻读量子力学。最终我读懂了量子力学，可公司却因疏于管理开始走下坡路，最终无奈之下把公司低价卖掉。

不光是经济拮据，各种打击也随之出现。公司低价转卖、离婚，我陷入了人生低谷中。

五年前的一天——2013年9月，我第一次接触比特币。

在听了清华师弟太一云董事长邓迪有关比特币的在线课程后，我一下子就被这种去中心化发行、靠着算法共识运行的概念所吸引了。邓迪当时说的一句话我印象深刻：金钱是人造的，但是人不应该是金钱的奴隶。

反思过去十余年自己创业下海，运营不善，求知之路的坎坷，彼时我深深体会到一个中心化的体系或组织将太多人的人生或命运笼罩在围城之中。我在日记里写道："区块链对人类最大的贡献，除了token带来的激励，就是去中心化的组织形式。以往办公司，自己一直是总经理，绝对控股，所以回清华看书学习也没人管我，但是这种中心化的管理并不能做成事业，后来放弃也一点都不可惜。我认同比特币，促使我自发主动地成为社区的积极分子，恨不能在中国100所大学演讲。"

随着我对区块链的本质和应用研究越来越深，2013年的平安夜，我成为比特币基金会的终身会员。"让人类更加自由地交换他们的财产和思想。"基金会的宣言上如是说。

我在许多演讲中说过一句话:"你不想受谁统治,你就不要用它发行的货币。"我也以布道者的身份参与到较早期的比特币和区块链社区中,用自己的力量去传播去中心化的思想。

2015年1月15日,是这十年中让我记忆最深的一天。

当天比特币价格突然雪崩,暴跌到近一年的最低点930元左右。爆仓,这两个字远比字面更来得可怕。不光是自己的积蓄,包括许多亲戚朋友的借款都瞬间蒸发,我的心态随着币价瞬间跌到谷底。我一整个晚上没有睡觉,重新仔细地思考了比特币,包括区块链的逻辑。最终我认为逻辑是靠谱的,第二天正好在上海交大总裁班讲课,我便如约继续布道比特币。

当时心态上的转变,对于我甚至对于行业来讲,都是至关重要的。很多人在面临变动、挫折或是突然而来的厄运时,最终选择了放弃。比如老端、宋欢平等,要么走向了比特币、区块链的对立面,要么彻底在圈内销声匿迹。但凡能坚持下来的人,最终慢慢都成了社区的中坚力量。比特币历经媒体数百次判罚"死刑"而顽强存活,影响力及至全世界。

人生更应如此,人生永远有未来。

治学与投资,贯穿了我这五年生活的主线。

治学布道不仅在于线下的讲座、主持清华的区块链课程,在大众传播上,我深知区块链也需要正名与发声。2015年,我加入了巴比特的专栏,后来,巴比特资讯也成为我分享心得的主阵地。此后,我先后主持翻译、编著了《区块链:新经济蓝图及导读》《区块链——从数字货币到信用社会》

《区块链:量子财富观》等区块链图书。

守得云开见月明,2017年的牛市里,我收获了许多财富。对比特币、以太坊、亦来云三个加密数字货币项目的价值投资与深度参与,让我得到了财富自由,以及精神的自由。之后的一切,都将变得更加纯粹,更加从容。

2017年,我和清华陈榕大师兄共同创建了亦来云,这次不仅仅作为社区中坚力量,而是作为核心主创团队,从整体规划和未来战略全方位参与社区建设。现在的我成为哥伦比亚大学访问学者,下决心在美国待满五年,起初也是为了发展亦来云国际社区,当然这都是后话。

亦来云天使轮的投资,让我获得几百倍浮盈的同时,还得到了更深的区块链创业感悟。也终于可以把更多关于区块链的知识总结、提炼、升华,变成所有人都可以共享的价值载体。

某种意义上来说,区块链既是救赎者,又是指引者。

颠覆的核心:去中心化的信任

财富自由绝不意味着无节度的挥霍。2018年,我来到美国后,住进哥伦比亚大学的宿舍,不过是一桌一床一书架。这其中有巴菲特简朴生活理念的影响,更是因为,相比于物质带来的快乐,我认为思想的快乐更加有深度,更加迷人。

所以每当有声音批判比特币挖矿的耗电惊人,抑或是在短期价格波动之下屡屡传出"区块链已经死亡"等言论,我都会非常淡然,因为他们实际上并不了解比特币和区块链的真正价值。

区块链最基本也是最核心的价值,是它通过技术手段帮助人们降低信任成本,确保信息安全。

人类历史,就是协作发展的历史。而信任,是人类协作的基础。没有信任,就没有公平、高效的商业贸易;没有信任,甚至连有效、成熟的社交都做不到。当铁路技术在美国迅速发展时,美国人面对的瓶颈是缺乏可信任资源。他们需要更多值得信赖的信用,幸运的是,他们在加利福尼亚找到了金矿。新的信用资源的注入,也为美国的整个经济领域带来了强大的发展动力。不过,当经济增长并迅速爆炸时,他们需要更多可靠的信用。

放眼中国,当交易大爆炸时需要更多的信用,可信用不会平白产生,调查、征信是有成本的。比如银行给你发信用卡之前会查询你的社保记录等,这就需要一定的成本。你有百万美元资产,可银行可能只给你1万到10万美元额度的信用卡,这正是因为信用的限制。因为银行只能查到你的社保记录等,没有更多的数据,如果进一步查询,它需要花费更大的成本。

而区块链则通过技术手段降低了信用成本,它是一个去中心化的"信用中介",建立在互联网上的公共账本,由网络上所有用户共同记账与核账。每个人都能有一个透明的账本,数据公开透明,而且它采用单向密码机制,加密过程不可逆,最大限度地保证了信息的真实性和不可篡改性。

区块链解决了中心化的信用问题后,给商业、社交、生活甚至整个人类文明的向前迈进都带去了重大契机以及不可思议的动力。

而比特币正是区块链的第一个实验品,也是目前为止知名度最高、最成熟的实验成果。在比特币的世界,币无法凭空产生,没有通胀和滥发问题;无法造假,没有假币问题;在交易过程中外人无法辨认用户身份信息,最大程度规避了隐私泄露或被盗问题。

依托于区块链去中心化的特点,比特币没有中央银行,这也是它安全性和自由性的保障。另外,它可以全世界流通,接入一台电脑就行,人们获取它的方式无外乎挖掘、购买、出售或收取。此外比特币交易成本很低,可以免费汇出……如果总结一下我们会发现,尽管是虚拟货币,可比特币具有无通胀、无假币、安全、自由、流通性好、交易费用低等诸多的优点,简直是一种"完美"的数字资产。

法定货币的价值,在于政府的背书,所以可以说,群体共同赋予价值。宗教的意义,也是以人们共同相信、信仰为基础。

这一理论其实在很多领域都是通用的。所以说比特币的价值和区块链一脉相承,在于金融领域群体的共同"信任"。从这点来说,比特币不仅是一种数字资产类别,更是一个去中心化的社区行为,是各国文化和开发者聚集的社区,通过互联网的体系建立秩序,并由共识群体赋能比特币的价值。

这也让我最终明白,社区——靠着算法共识形成的一个社区是人类未来组织发展的主要方向。它是区块链的核心生产力。

来到美国半年多,我就在当地社区迅速建立了影响力。其间参与了美国总统特朗普早餐会并向他赠送了一本自己的《量子财富观》。相比之下收获更大的是,我相继与摩根大通首席经济学家詹姆斯·格拉斯曼(James Glassman)、前美联储主席、金融沙皇艾伦·格林斯潘(Alan Greenspan)就加密货币的相关话题进行了深入对话。

在对话中,我对格林斯潘说,比特币是全球自由市场对于货币发行金本位缺失的反制,是为了保护大家的财产。

"比特币其实就和黄金一样有天然约束总量的发行,也可以被无限分割,需要算力成本,可随身携带,容易交易。黄金虽然可以储值,但是交易过程不像比特币那样只要在网上就能解决。所以在未来比特币可以储值也可以交易,最重要的是可以给数字资产定价,这是法币做不到的。"

这些观点得到了这位大经济学家、前美联储主席的基本认可,他认为比特币的价值主要来自它的总量固定,这是法定货币所不具有的。

在美国的这段时间,我的一些顾虑也消失殆尽。目前,中美区块链发展有一些区别。美国人更注重创新,思想的碰撞,而中国社区则更讲究实用主义,更看重区块链的落地和应用场景。我相信未来成功的区块链项目一定是结合中美社区的优点,并与全球的共识社区自洽融合的。毕竟,区块链是天然全球化的。

量子力学与区块链：财富新大陆

量子力学和区块链有许许多多的共通之处，有时我都会好奇地遐想，比特币的发明者中本聪一定也懂量子力学，或者至少量子力学曾给他灵感，要不然为什么两者有如此多共同之处。

在市场冲锋陷阵的同时，我也将量子力学应用到区块链的学术探索。基于多年量子力学的研究背景，我在 2014 年之后逐渐摸索出了一套量子财富观理论体系。

我认为，量子力学揭示了物质更本质的存在形式，其本质是非定域整体性[10]，相对于因果强关系的弱关联。比特币的基本核心理念是 DAC（分布式自治系统），可以推断比特币是非定域整体性存在的互联网版，它体现了这个世界的未来特征，也就是说大数据关联代表了这个时代的整体特性。

听起来可能有些玄妙，其实也很容易理解。量子力学世界观最根本地揭示了在看见的世界后面，还有一个看不见的世界。在量子力学中，你选择了 A 时，B 实际上也就同时发生了。这和区块链的原理十分相似，它构

---

[10] 作者认为非定域整体性是量子世界的本质，任何存在的量子态都可以表示成某一可观测量的本征态的叠加，此为"非定域性"，整体性体现在叠加中这些态存在相位关联。也可以理解为现实世界随机性本质的根源。

建了一个数字财富的新大陆,尽管不是可见的物质化资产,可却带来了一个认知基础。在未来,你的人脉、消费潜力、创新思想、社区关联等等看不见的资源都可以通过区块链确权的数字和代码变成你的财富。数字资产,属于量子世界看不见摸不着的资产,是数量级非常庞大,需要使用更高技术进行确权的资产。

金融史上,任何一次资产的确权,都很有可能形成一次新的造富运动。1998年中国发行了房地产证,开启了长达20年的老百姓财富运动。房地产证让房子终于确权到每个人,变成了私有财产。房地产的确权让普通的中国民众财富的急剧增长成为可能。

区块链的历史意义绝不亚于此。

它不仅使我们第一次意识到原子资产之外,数字资产的魅力;更重要的是,它用技术第一次实现了互联网上的数据确权,并通过全网分布式记账、不可重复转移与拷贝,开启了数字变现财富的时代。

让每个人的数字变成自己的财富,这是一个非常宏大的前景。数字资产甚至变成我们的物理资产世界的几倍或几十倍。这是一个财富的新大陆。

一位区块链业内的重量级大咖在了解了我的量子财富观理论体系,以及量子力学应用于区块链的学术探索后,表示对区块链的认识"更进了一层"。后来我在中外许多地方讲学时,也得到了很强烈的关注和共鸣,有位大学老师说我的理论"既是对量子力学理论应用的贡献,也对区块链理论的完整性和数字资产的未来带去了有益探索"。

2018年来到美国,学术的道路显得更加清晰了,我现在正在攻克一篇题为《量子非定域性是信息的起源》的论文,讨论量子非定域性与熵之间的关系。9月27日,我在MIT捐助500万美金成立了区块链实验室,我个人希望能为以后的信息论和区块链理论研究带去积极的意义。

改变浪潮的方向

回首过去几年,区块链改变了我现实人生的轨迹,也在一定意义上更新了我的认知。我发现原来自己的思维主要也是中心化的,思考问题时也会觉得人类的很多问题,必须中心化地去解决。这些年的积淀让我真正明白,实际上整个宇宙的变化,包括一切生物的进化演变、市场竞争淘汰,它们的背后都存在去中心化的一套算法。无论这个系统是否建立在计算机网络上,都按照算法,按照一定规则在迭代、更新。

至今我对区块链仍抱有这样的信仰,即坚信一个去中心化系统是世界的未来。我坚信十年以后,真正最庞大最有力量的组织不是现在中心化的那些大公司,而主要是去中心化的、全球的、繁荣的社区,比如比特币、比如亦来云。此消彼长之下,现在站在云端的中心化大公司也许不复今天这般的影响力。

而我们每一个个体,必将作为未来去中心化系统中的重要节点,作为社会的基石,去改变浪潮的方向。

让我们一起在数字财富的大潮中冲浪吧!

通证：重构区块链商业逻辑

孟 岩

> 凡事除了依赖理性，别无他途。
> ——马可·奥勒留《沉思录》

无缘对面不相识

每个人都有一个和比特币擦肩而过的故事。

我最早听说比特币就是在 2009 年,当时我在 IBM 工作,从 CSDN(国内专业 IT 技术社区)或者其他的技术新闻里看到这个新鲜事物,跟绝大多数人一样都是无动于衷的。

2010 年再次看到比特币相关新闻的时候,就是比特币历史上的第一次崩溃,价格跌得不到一美分,我当时心想:瞧,不行了吧。

2013 年比特币暴涨,我第一次严肃地关注了它,了解了它背后的经济逻辑,感到有点兴奋。一个冬天的中午,我拉着一个 IBM 同事从盘古大观走到志新桥,又绕了一大圈,两人越讨论越兴奋,得出一个热血沸腾的结论:比特币大有前途。结果隔天就等到了五部委的通知,比特币"腰斩"。我俩立刻如霜打的茄子,相视无语。

那会儿我正准备出国去澳洲,临行前跟 CSDN 创始人蒋涛话别。他一边涮火锅一边跟我信誓旦旦地说,比特币刚刚开始,前景无限,力劝我投身比特币。我当时还真动了心,但是等人到了澳洲,万事从头开始,这个念头就放下了。

多年之后我一直在反思,为什么会生生错过比特币?跟很多人谈起这个话题时,我发现我们中的大部分都有一个特别大的共同点,就是没有尽早阅读中本聪的白皮书,没有意识到比特币背后坚实的理论基础和突破性的创新,因而无法将比特币与其他互联网上此起彼伏的垃圾项目区别开。中本聪的这篇白皮书,提供了一个完全通过点对点技术实现的电子现金系统方案,使得支付双方不需要任何中介金融机构。其特色之处在于将很多久已为人熟知的技术元素,比如哈希指针、默克尔树、数字签名等巧妙地连缀在一起,构造出区块链结构,为"价值互联网"的孕育而出奠定了坚实的思想和技术基础;更具奥妙之处的是,它本身还内嵌了一个经济激励系统,比如比特币挖矿中凡是贡献了计算能力、成功记账的诚实节点,将获得比特币的奖励。这些均对我后来思考通证经济系统,播下了思想和灵感的种子。

理论非常重要。没有理论的指引,我们只能被表象牵着鼻子走。

智慧的链圈和疯狂的币圈

2015年下半年的某一天,我从IBM公司的邮件得知,新上任的印度裔 CTO 将区块链列为公司顶级技术战略。这引起了我的注意。IBM 具有很系统和强大的技术趋势预测能力,虽然往往把握不住,但很少错判趋势。

2015 年底,IBM 宣布参加由 Linux 基金会领头的开源区块链项目——开放式账本项目[Open Ledger Project,现已更名为超级账本(Hyperledger)项目]。该项目一经公布便受到了金融、制造、航运物流、咨询等各行业巨头的广泛关注。IBM 区块链思想的核心是构建联盟链,以降低商业摩擦,这个理念贯彻在他们的 Fabric 项目中。这是 Hyperldeger 的主要项目之一,用于为构建企业联盟链提供基础的开发框架服务。

我当时完全认同这一技术应用理念,并且开始沿着链圈的思路研究和学习。只不过由于当时 Hyperldeger 的技术尚未成型,我只能从研究比特币源代码入手。没想到事后证明这是一条正路。

2016 年底,数字货币市场开始启动,由此激发了我对区块链的新一轮思考。当时正值美国大选特朗普总统上台、印度政府宣布"废币运动"引发各国仿效之际,越来越多的投资者在动荡不明的政治经济局势下,倾向于将数字货币作为资产避险的重要手段。于是比特币市价率先飙升起来,并如同推倒了多米诺骨牌一般,带动整个数字货币市场于 2017 年 2—3 月间,揭开了"2017 年大牛市"的帷幕。与之交相辉映的,是 ICO 热潮于同一时间喷涌而出。尽管 2017 年 9 月 4 日,中国央行宣布 ICO 为非法融资,并关停了国内的比特币交易所,但并没有因此遏止"2017 年大牛市"的势头:至 2017 年年底左右,比特币已经达到近 2 万美元的历史最高值,而 ICO 全年的融资额也高达 20 多亿美元,是 2016 年的 10 多倍!数字货币市场的旺盛生命能量,促使我又一次陷入了反思,并发现了区块链在技术之上的又一层奥秘——经济激励。帮助我揭开这个奥秘的核心钥匙,便是隐藏在"数字货币"这个现象、这个词之后的本质内涵,它在英文世界里被表达成"token",我后来将它翻译为"通证"。

从"代币"到"通证"

2017 年 9 月,我开始研究密码朋克运动,10 月份做了一个主题报告。以这个报告为缘,我与中关村区块链产业联盟理事长元道相识了。第一次见面,我第一个问题就问他什么是区块链的关键,他毫不犹豫地说是 token。那个时候,在区块链世界里,人们将 token 翻译为"代币"。链圈的人只是把代币当成区块链当中一个小玩意,甚至认为其可有可无,而币圈则只将 token 视为融资手段,没有意识到其背后巨大的经济意义,因此在实践中经常跑偏。而在元道先生与我的交流当中,他一针见血地指出,token 是与区块链同样伟大的存在,而且两者是最佳拍档。这事实上点出了看待区块链和整个产业发展的一个新方向,沿着这个方向,我们彼此交流对 token、链的认知,既高度合拍,又彼此启发,围绕 token 展开了一系列对话。这是我个人认知发展史上一段美妙的也是重要的经历。

我们发现,token 的传统翻译方式"代币",存在着很大弊端。token 这个词,脱胎于网络通信,指"令牌、信令",比如,在 IBM 公司的 Token Ring Network 的局域网通信协议中,网络中的每一个节点轮流传递一个令牌,只有拿到令牌的节点才能通信。这里的令牌,其实就是一种权利,或者说权益证明。区块链中的 token,则率先缘起于以太坊的 ERC20 标准;基于它,任何人都可以在以太坊上发行自定义的 token,也就是说,token 在这个标准里可以代表任何权益和价值。所以,代币相当于 token 范畴的一个子集,一个具体应用,不能将两者直接对等。鉴于此,我在和元道的一次交流中,提议将 token 翻译成"通证",意为"可流通的加密数字证明",这获得了他的支持。我和元道的系列对话,经多家媒体发表后,产生了很大的影响,"通证"这个词语也在区块链业界不胫而走,如今已经成为 token 的主流翻译之一。

另一个对我通证思想产生重要影响的组织是万向。他们在 2017 年 10 月发布的《分布式商业白皮书》中,从人类大规模协作组织的角度阐述了通证和区块链的意义,当时对我思想的提升起到了关键作用。我开始深入到人类文明史中,追溯人类群体协作的本质和脉络。我发现,协作分为弱协作和强协作。弱协作指每个人都按自己的意愿参与协作,很少妥协,决不牺牲。强协作指要求一部分人或是每个人为协作付出代价甚至牺牲。众所周知,在竞争状态下,群体强协作的效率,远远优越于弱协作的乌合之众。在漫长的文明史里,人类基本都是通过惩罚来形成强协作的,比较典型的是从古代就一直存在的军队体系,它通过纪律达到了惩罚模型的最高点;后来,人类逐渐意识到其实通过经济激励的方式,能使得大家活得更好。最终，在 400 多年前，荷兰人通过股份制的方式来创建公司，形成基于经济激励的强协作体。而现在，我们拥有了一种基于经济激励的新手段，就是基于价值互联网的可信任价值、共识载体——通证，进行全网范围、大规模的人类强协作。这是人类社会以前没有经历过的，这也可能意味着现在大家所熟悉的、已经流行了近 500 年的公司体制要面临转型，甚至是被颠覆、解体。和军队相比，通证经济体的协作模式，惩罚很弱，取而代之的是来自社区的强荣誉激励。和公司相比，通证经济体可以为了某一个目标，在很短的时间内，组织几百、几万甚至上百万人的协作，而且"呼之即来、挥之即去"，能很好地契合互联网时代碎片时间应用的需求；此外通证经济模式的激励机制，不同于公司制强调股东的利益，追求的是基于强协作模式下，从生产到消费整个商业闭环中，所有经济体参与者的利益共赢。

恰逢其时，国外学者们开始提出"token economy"的概念，但主要集中于加密数字产业链的研究，于是一个念头不由在我脑海中萦绕：基于 token 也即"通证"的本质，探索设计通证经济体系的方法论。

四次分配和一个螺旋

2017 年下半年起，我就陆续帮助一部分项目进行了通证经济系统的设计。一开始非常平庸，但我对这件事情很认真，确实读了不少文章，也仔细琢磨了比特币、以太坊等主流公链的经济系统设计,梳理出很多观点。

到了2018年元旦之后,区块链大热,很多项目来找我交流经济系统设计,逐渐积累了一些经验。

2018年1月21日,在由CSDN、柏链教育联合举办的区块链系列沙龙上,元道和我旗帜鲜明地宣布:独立于区块链业界的"链圈"和"币圈",成立第三个群体——通证派,并将对通证经济进行深入研究。2018年3月30日,在中国区块链技术及应用峰会(BTA)上,我第一次做了关于《通证经济系统设计》的演讲,包括通证经济系统设计的定义和范围,通证经济系统的分级和特点,以及结合自身区块链经济设计实践,总结了通证经济的几个基本设计原则等。

2018年6月8日、9日,我正式开设了为期两天的"区块链通证经济系统设计"培训课程。课程现场座无虚席,气氛热烈,结束之时,我带动学友们利用课程中的核心模板工具一起设计出了学友社区block zero的通证经济系统雏形。对我而言,这不仅是开设一场培训课堂,更是对自己通证经济系统设计的理论和实践的系统化总结,此时我已经形成了关于通证经济理论分析和设计的较完整理论框架:如"四次分配和一个螺旋""七个原则"和"八个陷阱"等。

我觉得通证经济系统设计要解决的问题是,如何让一群自由的参与者在有经济价值的通证激励之下相互协作与交换,进而创建可持续繁荣的业务,让大家都过得越来越好。这当中核心的问题是设计经济系统的激励体制,即通证如何进行生产与分配、区块链经济如何可持续地发展等。因此，我将"四次分配和一个螺旋"作为整个通证经济分析和设计的总纲，它也是我基于宏观经济学相关理论的研究提炼而成的，具体包括：

λ 零次分配：通证应当如何创造，创造之后按什么原则分配给最初的持有者？

λ 一次分配：在通证的使用和交换场景下，按照什么原则分配？

λ 二次分配：若经济体内存在治理机构，该治理机构以何种方式获取和管理多大规模的资产？按照什么原则、以什么方式分配和回购资产？该治理机构如何运作、如何解决争议？

λ 三次分配：个人应当按照怎样的道德原则、以什么方式进行捐赠、馈赠和打赏？

而"一个螺旋"，指的是币值逻辑与经济增长逻辑如何相互配合，推动经济体螺旋上升，持续繁荣。所谓"币值逻辑"，指通过调控通证价值的上升或下降，来促成经济系统参与者的一些特定行为。

在接下来的 2018 年 7 月到 9 月间，我在柏链道捷的通证经济系统咨询和设计实践中，接触了更加丰富的项目案例，又从中提炼了一系列简洁、高效的通证经济设计实战方法，并在二、三、四届通证经济培训课上进行了介绍和演示，受到学员们的高度评价。比如我首创的多通证本位模式（Multiple Token Standard），简称"M 模式"，柏链道捷的同事们将它戏称为"大杀器"，因为它在当前的通证经济项目设计中非常实用，凡是遇到疑难杂症只要套用一下 M 模式，往往迎刃而解。

大道至简。总的来说，我觉得不管采用什么样的方法论，通证经济系统设计的核心思想是：根据贡献分配通证，根据通证分配权益。简单来说，它能回答如下三个基本的问题（我称之为"夺命三问"）：

你想改变的是什么？

你想把什么通证化？

你打算怎样重新分配权益？

区块链思想的否定之否定

回顾区块链十年的风风雨雨，我觉得它对于经济的影响是当今科技话题中最有趣、最重要也是被误导最为严重的一个话题。排除那些本来就别有用心的炒作，很多关于区块链的讨论，主要是对于行业和市场事件的反应和解读，再加上一些感性的，甚至是浪漫的浮想，具体表现有：

第一，仅仅以短期的市场成败论英雄，谁从市场上收割的钱多，谁的理论就正确。但随着 2018 年整个加密数字货币价格水平的大幅坍塌，大多数"英雄"们发现自己的成功，不过是南柯一梦，船票还捏在手上，末日却依旧降临。

第二，否认区块链的意义，认为区块链在技术上冗余低效，在应用中缺少合规的、有明确优势的落地场景，根本没有价值，完全是被炒作起来的一场骗局。很多尚未进入区块链领域的互联网技术专家，往往持有这种主张。他们熟悉并推崇互联网那一套中心化、平台化、赢家通吃的商业逻辑，对于区块链以牺牲单点效率换取协作效率和资源配置效率的思维方式很难理解和认同，对于区块链试图变革的经济、金融、组织、法律、社会治理等话题，他们又太陌生，因而产生过度的敬畏感。这些原因使得一大批本来能够在区块链领域有所作为的人，未经深入思考就站在了区块链的对立面。

第三，推崇数字货币，但认为区块链以及通证在数字货币之外没有任何价值。一部分比特币的早期参与者就持这种看法，他们认为：既然我已经有不少比特币了，那么这个行业最好就不要再发展了，只要永远围绕自己的信念和利益转圈，把币价越炒越高就好，任何其他的讨论都是多余的。这种观点只是尚未遭到市场的清算，暂时还有容身之地而已。一旦区块链真正的应用大规模兴起，这种观点将被彻底抛弃和遗忘。

第四，认为区块链还没有到需要谈理论的时候，现阶段只需要实干。抽象来说，这种观点不无道理，如果区块链行业资源无限，如果监管者和围观群众耐心无限，那么我们确实可以随机漫步，从各种可能的、不可能的角度来进行探索和尝试，并逐渐从中产生超越现有认知的发现。但是实际情况并非如此，没有任何一个项目愿意胡乱尝试，浪费资源，外界也没有给予区块链行业更多耐心，而是要求我们尽快拿出一些成功的案例来证明区块链的真实价值。这都要求我们进行认真和深入的思考和研究。

第五是用肤浅的观察和联翩浮想来代替认真的、批判式的思考,脱离人类在经济、社会、管理等学科的既有成果,自创空中楼阁理论。

我觉得,反思区块链和它的应用,归根结底还是要回归最基本的经济学。区块链作为当前创建价值互联网的最优技术,其根本意义在于通过以下机制极大地降低交易成本,从而使市场经济优化资源配置的效率得以大幅度提升:

1. 创建全球性的基础设施,人们对于其中的数据几乎可以无条件信任。

2. 创建一个新的全球金融市场,任何人都可以参与,并且具有极高的流动性。

3. 鼓励以通证来代表各种价值,创建大量新的可交易资产。

4. 通过密码学的应用对资产进行精确的确权,特别是通过零知识证明等技术对信息和知识进行资产化和确权。

5. 通过分布式共识机制、开放式的价值和产权交易结构创建新的协作机制。

6. 建立覆盖全球的、可贯通式传递信任的商业网络。

7. 建立新的人、组织和物体的身份确认、授权管理和隐私保护系统。

8. 通过智能合约高效、精确地规定各方的交易结构和交易关系,并高效、自动化执行合约。

9.实现透明的自动化监管,特别是依据协议进行的跨利益实体监管。

通证经济(Token Economics),正是我对于区块链以上核心价值以及应用思路的一套观点,我期望将它发展成为一个真正的理论体系。我相信,在不久的将来,中西方在这个领域的研究和实践必将汇合,而通证经济作为一个新的商业课题也必将获得发展,取得自己的历史地位。

区块链技术发展:脉络与启示

白 硕

> 正解飞流直下,强猜寸步难行。
> 桃花揉碎满江红,一缕哈希得令。
> 入密偏移少许,出文迥异西东。
> 风驰电掣舞签名,数字人间为证。
> ——白硕《西江月·哈希》

命中注定区块链

　　恢复高考后，我成为第一批被清华大学录取的考生，主修人工智能方向，一路读到博士。因而治学和研究工作期间，我主要是面向自然语言处理和逻辑推理的计算机自动实现方向，后来还在国家计算机网络应急协调中心积累了关于密码学的相关知识，还拥有了信息安全领域的丰富经验。

　　2002年，我加入上海证券交易所，担任总工程师，负责IT的全面管理。在上交所工作的14年间，主持了大大小小数不清的项目，但印象最深、最有成就感的是两个超大型项目：一个是新一代交易系统的升级换代，另一个是金桥技术中心的设计工作。

　　2013年前后，我接触到区块链技术，初心是想知道这一金融科技新技术是否会对上交所带来颠覆性的影响。经过几年的学习与沉淀，我感受到了比特币、以太坊背后的区块链技术的魅力，因而在2016年，我加入了

ChinaLedger(中国分布式总账基础协议联盟)并担任技术委员会主任至今。

学术之外,音乐是我的另一爱好。1996年我随国家科委"863"科学家乐队登上了当年春晚的舞台。音乐是形象化的数学,数学是抽象化的音乐。如果让我用音乐去比喻区块链的诞生,我会选择《命运交响曲》四音符动机前的八分休止符,它虽沉默却饱含情感,是技术长期沉淀从"无"到"有"的爆发,是贝多芬所谓的"命运在敲门"。

工作40余载,已过半生。说句玩笑话,或许正是命运注定了我与人工智能和区块链的缘分,我姓"白(BAI)","B"代表了区块链(Blockchain),"AI"自然是人工智能(Artificial Intelligence)。我陪伴人工智能技术从初起到兴旺,见证了它历经波涛,终至浪潮之巅。如今,在区块链技术尚在襁褓之时,我又有缘伴其成长、成熟,谁能说这不是一种缘分呢?

从技术中来,到技术中去。作为一个有着20余年经验的技术从业者,我认为,当我们面对区块链这样的"新物种"时,面对资本、媒体、业界、学界的"捧杀"时,稳得住很重要。我们扎根技术,尊重技术,才能真正做好技术。下面我就从"区块链技术的发展脉络与启示"出发,谈谈区块链的昨天与明天。

区块链技术的前世今生

比特币横空出世

在彼此之间不预设信任基础的人群（节点）之间建立信任并传递信任状态，在公开的、不守恒的信息网络上传递守恒的价值，对于信息技术领域的专业人士尤其是对于技术极客们来说，是一项高难度的、世纪性的挑战。

2008年10月31日，中本聪的比特币白皮书《比特币：一种点对点的电子现金系统》横空出世，随后比特币开源代码公布并被广泛部署。经过十年的运行、博弈、打磨和算力积累，比特币的基础技术架构和机制设计的安全性得到了较为充分的验证。

比特币的技术贡献在于：

1.它引入了账本组织的密码学手段，使得数据记录按时序存储的同时，数据记录之间的勾连关系也按时序同步积累，沉淀下巨量的算力。这使得对账本的任何一处历史细节的窜改，都必须付出更多的算力为起码的代价。

2.它引入了账本间达成共识的"工作量证明"机制，通过巧妙利用反解哈希函数特解的求解环节和验证环节之间的难度不对等特性，有效拆离了求解和验证过程；同时巧妙利用共识对象的时间积累特性和时间优先特性，把诚实记账节点达成共识所需要的数量占比下限从拜占庭共识的大于2/3降低到大于1/2。

3.它引入了加密数字资产的UTXO模型，以私钥的拥有和使用来代行价值所有权和支配权，把价值的流动建立在非对称加密体制的基础之上，充分体现了技术极客们"我的价值我做主"的价值诉求。通过将公钥的哈希值作为"地址"来唯一确定价值流动的接受方身份，建立了比较彻底的匿名性。

4.它引入了被称为"挖矿"的激励机制，使得价值的产生和为价值转移而记账的算力付出形成互为对价的关系，从而把比特币的价值锚定在算力付出的基础之上，形成了价值闭环和为生态做贡献的内部驱动力，也为后续产生的各类公链和分布式自治组织、去中心化自治业务社区树立了卓越典范。

比特币的技术创新是典型的集成创新、协议创新。比特币技术体系所使用的基础密码学手段，都是在密码学学术和产业圈子里经过充分论证和实践验证的，但这并不妨碍比特币用独特的方式将这些密码学砖块搭建成有高度原创性的支持存证、定序和价值转移的协议体系。比特币也成为匿名网络和电子现金的种种技术探索的里程碑式的集大成之作。

比特币被认为是第一个用区块链技术武装起来的平台。但是很长时间以来，人们往往只知有比特币，不知有区块链。这是因为，在那段时间里，比特币是这种技术应用的绝对主流，模仿比特币技术原理的其他一些公链,在当时只能被算作"山寨币",此其一。比特币的技术体系只支持价值转移,尚不支持围绕信任和价值展开的复杂业务逻辑,因此尚未进入主流信息技术圈子和金融圈子的视野,此其二。这种局面直到2014年至2015年间以太坊问世之后才有重大的转变。

区块链意识的觉醒

以太坊的问世,主要归功于一位天才少年——被业界戏称为"V神"的Vitalik。以太坊的诉求是打造一台"世界计算机",让成千上万的节点执行同一段程序代码,并对执行结果达成共识。对于以太坊来说,账本不仅是用来"记账"的,更是用来记录"世界计算机"的运行轨迹的;共识机制不仅是用来"认账"的,更是用来确立"世界计算机"的可信运行结果的。如果世界计算机的运行轨迹能够不被篡改和仿冒,那么它的计算结果就是充分可信的。这样的程序代码,在以太坊中被称为"智能合约(smart contract)"。

"合约"一词的使用,带有浓重的法律色彩,这绝不是偶然的。以太坊圈子里有另外一个口号,叫作"代码即法(code is law)"。也就是说,在以太坊中,程序代码的权威性如同法律,程序代码的执行具有强制性。你加入即视为同意;经过共识的运行结果出来,你除了接受它别无选择。如果一段智能合约代码涉及价值的输入和输出,而且输出不是输入的简单逆向操作,那么这段合约代码实质上就进行了"价值再分配"。向智能合约充入价值,就意味着放弃对该笔价值的控制权,而把控制权交给相应的智能合约来控制。对合约代码的认同就意味着对价值再分配的逻辑和结果的整体认同。

账本与业务逻辑的这种结合，使得以太坊具有了全然独立于比特币的技术品格，此时无论如何不能再把以太坊视为对比特币技术体系的"山寨"了，也使IT界和金融界看到了一种把附加于比特币身上的某些价值诉求抽离，把比特币的账本技术和以太坊的智能合约技术合在一起形成某种更中性、更具包容性的技术体系的可能性。于是，"可编程的分布式账本"成为这种技术体系的核心，"区块链"最终成为指代这种技术体系的一个合适的概念，在全世界流传开来。

合约就是程序。是程序，就要依附于一定的运行环境。以太坊的运行环境被称为"虚拟机"。虚拟机能够容许的程序的表达能力，总是有边界的。这个边界如果跟通用计算机的边界相同，就被称为"图灵完备的"。从技术观点看，比特币技术体系也有代码脚本，也有有限的可编程性，但它显然不是"图灵完备的"。

表达能力强，意味着可以容纳更丰富的业务逻辑和落地场景，这是好的一面。但表达能力强也会带来不好的一面。既然合约就是程序，是程序就要花费计算资源，那么就难免遇到一些程序会无限制地花费计算资源。对于"世界计算机"来说，允许合约无代价地花费计算资源会危及生态安全，甚至直接威胁生态的生存。偏偏计算机界还有这样的定论，即任意一段程序是否会无限制地花费计算资源这件事情本身，是用任何程序都无法自动判别出来的。这被称为图灵机停机问题的不可判定性。

以太坊解决这一问题的方案,不是从技术上挑战已被理论证明的不可能性,而是动用经济杠杆,让合约的运行必须花费一定的价值(GAS),利用经济杠杆控制计算资源的使用。这也是以太坊贡献给区块链世界的绝妙创意。

以以太坊的崛起为分水岭,区块链作为一个技术领域有了独立的地位,进而以公链和许可链作为两种不同落地范式,发展出"币圈"和"链圈"两种不同的生态。"币圈"主张技术平台自带生产关系,自带原生币、激励和营销;"链圈"主张以纯技术平台服务企业和行业的需求。"币圈"以一个个专业化分工各有侧重的社区为主要组织形态,如专注于汇兑业务的Ripple/Circle、专注于存证服务的Factum、专注于资产上链的Bitshare等。"链圈"则以各类联盟为主要形态,比较有影响的如专注于技术资源共享的Hyperledger和专注于金融业务互操作的R3 CEV等。

遍地生花:技术体系初成

目前,区块链这一概念下,已经初步形成包含多个不同领域的相对完整的技术体系。其中,较为核心的技术领域包括基础公链、业务运营、交易辅助、交易结算、钱包和矿机等。

◎ 基础公链

基础公链是涉及信任、价值和可编程等核心服务的基础设施。基础公链的发展逻辑是：

1.更多样化的账本结构。在新近发布的一些区块链项目中，我们看到了有别于链式拓扑的另外一些哈希钩稽关系，比如基于DAG（有向无环图）的 IOTA。

2.更高效率的共识机制。我们看到如下一些非常值得关注的动向：以太坊正全面转向 POS，EOS直接基于 DPOS（Delegated Proof of Stake，委任权益证明）、AlgoRand 获得巨额融资[11]。共识机制正在从"多数节点直接参与"转向"少数节点直接参与"，再转向"少数节点从多数节点中随机产生并直接参与"。

3.更广泛的跨链互联。我们看到三种跨链模式：侧链模式，把侧链作为原链的一种同构的"专属跨链对象"；中继模式（如 Interchain），构建一种中继链，任何公链只要与中继链跨链互联，就可以间接两两互联；协议模式（如 Cosmos），构建一种转接协议，任何公链只要支持智能合约，均可按照转接协议实现两两跨链互联。

◎ 业务运营

业务运营涉及从业务角度提升运营质量、满足运营诉求的各种技术架构。业务运营的发展逻辑是：

---

[11] kyle：《图灵奖得主创立的 Algorand 项目获得 6200 万美元资金》，巴比特资讯，2018年10月25日，https://www.8btc.com/article/297267。

1.更好的可运维性。可运维性体现在几个方面：一是应急处置能力，在合约层面包括 ChinaLedger 提出的实施停摆、改错、回滚的能力以及在线进行合约升级、数据迁移的能力，在基础账本层面包括埃森哲提出的基于变色龙哈希的"可编辑的"分布式账本技术，当然后者引起很大争议，是否会被业界广泛采用需进一步观望；二是运行监控能力，在 R3 推出的 Corda 平台中，运行监控方面的支持是一大特色。总体说来，可运维性仍是区块链技术中的薄弱环节，"一言不合就分叉"仍然十分常见。这也是重视运营的传统金融机构迟迟不愿接纳区块链技术的一个很重要的因素。

2.更强的隐私保护。在区块链领域，最初是由数字资产交易本身的隐私性推动着隐私保护技术的发展，Dash 引入了混淆机制，Zcash 引入了零知识证明机制。随着区块链技术应用的深入，隐私保护的诉求也逐渐扩展到溯源防伪、供应链金融、交易后清算结算、民间借贷征信、大数据交易、合作式机器学习等背靠背数据协同领域，大大拓展了隐私保护技术的外延，也使得区块链＋隐私保护的技术解决方案成为一种面向未来的新兴计算范式。同态加密、背靠背求交集、PlatON 项目就是建立在这种宏大构想之上的一种尝试。

3.更严格的代码质量和资产安全性控制。智能合约的形式化验证得到前所未有的重视。

4.更精准的身份认证和用户准入。借助区块链可实现绑定多来源认证信息的通用身份认证平台（如 UPort）。借助区块链还可以与彻底面向服务的运行时环境乃至操作系统对接（如 Elastos，中文称"亦来云"）。

◎ **交易辅助**

交易辅助涉及尽调、信息披露、资讯、行情、投研、投顾、投教等等业务，是数字资产流通的辅助环节。区块链媒体和资讯服务项目多如牛毛，以DRC项目为代表的尽调团队已在项目保荐领域持续发力。近来，交易辅助技术领域以智子社区项目为代表，加大了引入人工智能技术的力度，表现在如下方面：

1.更有效地获取和利用信息，利用人工智能技术，打破资产端和资金端的信息不对称，揭露资产端信息欺诈。

2.更深刻地加工和关联数据，提升资产端的结构化数据和非结构化基本面数据的分析深度、融合深度，实现对数字资产及其交易市场更深刻的洞察。

3.更精准地理解和沟通用户，加强获取用户交易历史、风险偏好和专业事实/知识的个性化建模的力度。

◎ **交易清算**

交易清算涉及数字资产的登记托管、交易、交易后清算结算以及数字资产的衍生服务，是数字资产流通的核心环节。交易所分为三种类型：中心化的交易所、去中心化的交易所和传统交易所。中心化的交易所提供集中化的交易撮合、资产登记托管、登记结算、项目准入审核和市场秩序管理服务，在目前数字资产交易市场的服务方面处于主流地位，其最核心的技术平台是部署在链外的中心化交易撮合平台，一般具有较高的交易定价效率，但在平台的安全保障和提升抗黑客攻击能力方面面临严峻考验，交易正当性的自证更是中心化交易所与区块链精神最不和谐之处。去中心化交易所的优缺点与中心化交易所刚好相反，交易正当性的自证可利用区块链技术达成，平台安全保障至少可做到与其底层公链同级别，但交易定价效率有待提升。传统交易所在进行数字资产的衍生交易品种的交易方面具有牌照优势，其交易平台具有与传统资本市场同级别的安全保障，交易正当性的自证需依赖审计机构和监管部门等第三方的背书。目前一些项目（如DAEX）已有交易平台中心化、登记托管/清算结算平台去中心化的打法，可视为中心化交易所与去中心化交易所之间的过渡形态。技术的发展逻辑是：更高的定价效率、更短的交易时延、更强的订单吞吐能力、更安全的资产保护措施、更透明的自证/自监管手段。我坚信，未来一定会出现交易正当性自证和交易定价效率兼顾的更先进技术，去中心化交易平台一定会成为交易撮合、清算结算领域的主流平台。

◎ 钱包

钱包涉及用户名下数字资产的管理和支配、链上信息的浏览和发送、链上社交和基于社交的高效私密支付通道服务、链上去中心化服务的访问入口，是连接区块链与终端用户的桥梁，也是用户数字资产所有权的载体。钱包技术的发展逻辑是：更安全的防护手段、更快捷的支付效率、更便利的应用对接能力。简言之，一切皆交易。

◎ 矿机

　　矿机是工作量证明求解过程拆解的产物,是在算力领域不断进行"军备竞赛"的产物。回顾历史,矿机是从插件化到硬件化、集约化、协同化这样一步步走过来的,通过不断向数据中心、半导体工艺、并行算法设计、协同挖矿机制设计"借力",目前已经形成若干主流矿池,其算力总和占据全球总算力的绝对多数,是区块链世界中举足轻重的创新力量。目前,"挖矿"概念已从"基于算力"扩展到"基于存储"(如 IPFS)、"基于带宽"(如迅雷)、"基于深度学习"(如 AtMatrix)乃至基于各种人肉众包,相应的"矿机"概念也随之扩展。简言之,一切皆挖矿。

　　随着这些领域的不断发展,目前区块链技术的专业化格局已经初步形成。虽然许多项目号称自己是代表新一代技术理念的区块链 3.0,但据我观察,这些项目都还没有达到比特币、以太坊那种代际转换优势,称其为区块链 3.0 还为时尚早。

R3 Corda:不是区块链,胜似区块链

　　R3 是一个由高盛、摩根大通等金融大咖发起的分布式账本互操作联盟。R3 的目标是研制一个基于分布式账本技术且与传统金融机构依法合规经营的诉求不冲突的技术平台,这个平台就是 Corda。Corda 的技术白

皮书于2016年底发布。那时,初始发起者高盛已经脱离R3联盟。

Corda是什么?对此我们有三句话:首先,Corda是一个分布式账本;第二,Corda是一个去中心化数据库;第三,Corda是一个"受区块链启发的(blockchain-inspired)"技术平台。

Corda是一个分布式账本,这句话很好理解,一笔交易多处记载、同步维护。但是这个分布式账本与我们看到的其他分布式账本有很大一个不同之处,就是它并没有一个统一的基础账本,"多处"复制并不是"全网"复制。没有基础账本也就意味着没有统一的全局不可更改的事件时序,没有一个不可逆转的"时间之矢"。时序只是在需要发生与时间相关的逻辑关系时才出场,只是一个"偏序"。Corda的时序并不追求时点的精确性,而只是侧重时段的包含、覆盖、接续、交叉等关系。

Corda是一个去中心化的数据库,这点我们需要强调。在没有全局统一账本的大前提下,Corda的本地数据库在数据的记录方面发挥着至关重要的作用,甚至Corda还专门预留了SQL接口。但是,这个本地数据库是受到多交易主体之间的业务关系约束的。约束体现在以下几个方面:

1. 交易相关人员必须保证关于交易的数据记录是一致的,如不一致,首先背离共识的一方将无法在后续的交易中自证清白;

2. 交易相关人员必须保证,只有在经过验证表明,双方关于交易达成的输入输出状态的检验条件全部符合后,交易方能放行;

3. 交易相关人员必须把交易的输出状态存储好、组织好,在后续遇到必须出示这笔交易的输出状态作为证据的一部分的时候,不能掉链子。所以，即使没有全局统一账本，一个逻辑上的"节点"（可以视为与身份一一对应），按照高等级关键业务系统的默认部署方式，在物理上应该包含相应的冗余备份节点，从网络、主机、存储、应用几个方面做好容灾准备。

按照 R3 内部人士的话说，Corda 是一个"受区块链启发的"平台。我们看到，区块链的启发确实弥漫在 Corda 各处。密码学、分布式系统、P2P 网络不仅是区块链的基础技术，也同样是 Corda 的基础技术。在较差的信任环境下达成较好的信任效果，不仅是区块链的宗旨和追求，也同样是 Corda 的宗旨和追求。但是，人们有权利选择不同的"锤子"来砸细节略有差异的"钉子"。在金融机构严谨的合规氛围中，Corda 的开发者们发现套用现有的区块链技术无法达到业内的合规标准，又等不及现有区块链技术的后续优化，只好被逼采用目前公布出来的技术架构。他们出于对区块链业界先贤们的尊重，称 Corda 为"受区块链启发的"平台，是比较实事求是的。

关于 Corda"不是什么"，我们可以很明确地断定：Corda 不是一个"供所有人见证所有交易"的平台。如果"所有人见证所有交易"是成为区块链的不可缺少的特质，那么 Corda 确实不是区块链。但是这只是表象，不是精髓。"在较差的信任环境里达成较好的信任效果"才是区块链的精髓。所以，做到"所有人见证所有交易"只是形似，做到"在较差的信任环境里达成较好的信任效果"却是神似。在这一意义上，说 Corda"不是区块链，胜似区块链"也不为过。

Corda 何以不同

◎ 模型

Corda 采用了比特币的 UTXO 模型而不是以太坊的"账户－余额"模型，这一点是值得赞许的。UTXO 模型与"账户－余额"模型最大的不同点，就是它直接记载原始事实，而不是根据原始事实推断出来的余额。不错，余额往往直接可用，但余额与原始事实毕竟隔了一层甚至多层。从以太坊的经验看，仅凭余额状态的日志，有时不足以完整解释余额状态何以发生。所以，以注重原始单据合法合规性的银行应用为背景的 Corda，选择 UTXO 模型来组织基础数据，是完全可以理解的。

然而，我们发现，Corda 所使用的 UTXO 模型，是一种扩展了外延的 UTXO 模型。它不仅可以描述价值转移，还可以描述准价值、非价值类型的单据的鉴别、确认、记录和以此为基础的流程展开。以信用证应用为例，信用证所依据的输入/输出单据中，有些就完全可以是非价值类型的，比如到货的确认单据。无论是金融流程中的各类单据、证明，还是金融业务中的指令、操作，都可以表示为在这一扩展意义下的 UTXO。交易，就是一组经验证合法合规的 UTXO（扇入），在相应业务逻辑条件满足时映射为另一组即时生效、合法合规的 UTXO（扇出）的函数。有人说，把 Corda 的交易串接起来，就是一个典型的基于函数程序设计的流式结构（请熟悉大

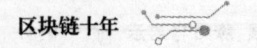

数据处理流式架构的读者自行参照 Spark）。了解了 Corda 对 UTXO 外延的这番扩展，可知此言不虚。

◎ **图谱**

图谱(Graph)，在 Corda 中起着核心的作用。它的作用，用大白话说就是"自带证据、自证清白"。

因为没了统一总账，没了"所有人见证所有交易"的机制，发起交易并主张预期交易结果的人必须有相应的替代机制去推进交易的达成，具体落地就体现为"图谱"。图谱把需要自带的证据组织成有向无环图(DAG)结构，交易对手方或流程下游的主体可沿着图谱的走向一一验证。理论上，要想验证一笔交易，不仅要验证直接证据，还要验证产生直接证据的各层间接证据，乃至一直追溯到源头。

为什么一定要间接证据？因为从逻辑因果的角度来看，"仅双边"的交易毕竟只是极少数。如果 B 向 C 的转账必须以 A 向 B 的转账为前提，那么 A 向 B 的转账就绝不只是 A 和 B 之间的私事，B 必须让 C 信服 A 向 B 的转账不是杜撰出来的。扩大到"有限多边"，间接证据就一定要进来。

◎ **公证人**

公证人(Notary)，是 Corda 区别于其他分布式账本平台的最大不同点，某种意义上可以认为是一笔特定交易的交易双方共同认可的可信第三方。这在传统银行业务中本不是问题，但是在分布式账本平台当中，确实显得另类。有人批评说公证人的引入使得本来从技术上可以完全去除可信第三方的区块链技术又倒退回了必须依赖可信第三方的中心化局面,这话听上去不无道理。但是,Corda中的公证人和传统意义上的可信第三方,还是有很大不同的。

第一,Corda中的公证人,实际上是一个有签发单据权限(也就是说,拥有私钥)的节点。这个节点虽不排除有时不得不采用"人肉"操作,但一般是自动化的程序,可以说除了私钥,公证人的所有操作依据都是规范透明的。传统意义上的可信第三方则很难做到这一点。

第二,Corda中的公证人,是各交易参与方共同指定并明确认可的,其签发的输出单据对各交易参与方都有约束力。你可以选择不交易,但是一旦必须交易,选择相信公证人,还是要比选择把一切历史旧账的细节都暴露给并不怎么熟悉的交易对手方要靠谱一些。

第三,Corda中的公证人其实不是"一个人"或"一个节点",而是需要达成共识的"一群人"或"一群节点",所采用的共识机制是可插拔的,文件上说是PBFT,也不排除作为PBFT简化和弱化版本的RAFT。不管强弱,公证环节总还是受到监督制衡的。

所以,Corda中的公证人,客观性和容错能力上还是远强于传统意义上的可信第三方的。

◎ 智能合约

Corda中的智能合约,是为验证输入状态(单据)是否有效和输出状态

（单据）签发条件是否为真而设定的程序代码，在 Corda 里统一命名为 verify() 函数。这种智能合约程序代码在 Corda 中被翻译为字节码，在特定的 JAVA 虚拟机上运行。在"使用虚拟机"、"反映可编程的自动业务逻辑"等宏观方面，和一般的智能合约大致相同。但是和其他区块链平台体系中的智能合约比起来，Corda 中的智能合约也有这样几点不同：

首先，Corda 中的智能合约是相当"碎片化的"，打散为一段段针对输入输出状态（单据）的"验证程序"，由交易来驱动。也就是说，智能合约不是一段包含有多个交易环节的完整的"大程序"，而是由每个交易环节按需调用的"小程序"。这样，对智能合约是否图灵完备、是否隐含死循环、是否恶意消耗虚拟机计算资源等等的考量和担忧，对这样一个个碎片化的"验证程序"来说就比较好把握。无论是直接上形式化验证手段，还是上传统的测试与代码走查手段，对付这样的碎片化智能合约，难度都会下降很多。

其次，Corda 中的智能合约的程序代码是和合约的法律文本一起，作为交易状态的附件共同存证的。一旦出现与 2016 年以太坊上 The DAO 被攻击事件类似的情况，合约的法律文本在法律上具有更强更直接的法律效力，智能合约程序代码中与合约的法律文本不相符的实现，会被清晰地认定为程序设计缺陷（bug），而不会在"代码即法"的光鲜大旗下将错就错。

还有，Corda 中的智能合约只是"验证程序"，似乎只对转入/转出价值和签发单据起到控制阀的作用，而不具备对价值转入和转出直接实施操作的身份与能力。真正进行价值转入转出操作的是"交易"。因此，单独看这样的智能合约，在"价值可编程"这一点上和通常的智能合约有不小的差距。但是如上所述，Corda中的"交易"与其他分布式账本平台上的"交易"相比，却又多了一些价值再分配的潜在功能。Corda中的"流式架构"再把多个交易串成流程，就可以实现相对复杂的价值再分配业务逻辑。所以总起来看，Corda中的"交易""智能合约""流式架构"加起来，与其他分布式账本平台上通常的"智能合约"在表达能力和计算能力上才是大体相当的。

◎ 独特的隐私保护

在Corda中，隐私保护的理念是贯穿始终的。Corda之所以长成现在这个样子，与Corda所秉持的隐私保护理念有莫大的关系。Corda的隐私保护理念在落地为隐私保护措施的程序实现的过程中，采用了以下两项重要的隐私保护技术。

一是抽离（Tear-off）部分敏感内容的类盲签名技术。该技术采用把敏感字段和非敏感字段分组哈希，再分层构建Merkel Tree（默克尔树）的方式，使得去掉敏感字段后，剩余的Merkel Tree（默克尔树）仍然具有树状结构和针对非敏感字段的验证价值，可在其基础上达到类似盲签名的效果。同时一旦发生法律纠纷，如已去除的敏感字段内容被伪造，该Merkel树还可用作鉴别证据真伪之用。

二是复合签名技术。该技术使用感知机模型，对多个签名主体赋权，并设置加权求和阈值。一旦一个指定群体中签名的主体所占加权和超过阈值，则复合签名生效。这个模型可以实现一组签名的"与/或"逻辑组合，但在涉及"异或"这样的逻辑组合时失效。

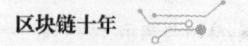

◎ 监管介入与运营控制

　　监管介入,体现在Corda的如下一些技术环节:(1)许可环节,可提出实名制要求、设置准入条件、通过证书和名字服务将监管要求落地;(2)运营环节,可赋予监管节点访问一切节点上本地数据库的权限,获取全部交易数据,达到"看穿式"效果;(3)应急处置环节,可赋予特定节点进行应急处置操作的特权,包括但不限于暂停交易、纠正错误交易等。

　　运营控制的需求,Corda也给予了较为充分的考虑。Corda在流式架构的设计中,对流程的实时监控和展示给予了高度重视并给出了相应的接口。在Corda中,特定参与方名下的价值,并非只有该方的私钥才能实现转移。理论上,只要在业务上合规的前提下,设计合适的交易、合适的合约,具有应急处置操作特权的用户同样可以转移他人名下的价值,以此来纠正错误交易。当然,这类面向应急处置操作的交易和合约必须严格限制其使用范围,防止被滥用。

　　由于Corda是面向银行间或银行与其商业用户之间的互操作场景的平台,其对股票、债券等市场的运行控制没有特别的考虑,在这方面可借鉴的内容不多。

◎ 私钥安全

　　在Corda中,由于没有统一总账,每个"节点"必须自行存储自己的交易数据。这就意味着,每个节点必须自行解决自身的网络级、系统级、应用级、数据级的容灾备份问题，否则，在需要出示单据时，上述任何一个级别出现不给力，都将导致重大事故。

在 Corda 中，任何一个"节点"都是和"身份"绑定的，而"身份"在数字世界的具体代表就是证书及私钥。在这样一个联盟链中，私钥和节点之间的关系是至关重要的。按照某些国家和地区的信息安全法律法规，核心金融机构的私钥可能必须采用独立于节点设备的物理介质（类似 U 盾）的形式，采用指定的密码学算法标准并且禁止私钥在规定物理介质之外存储。人和私钥在物理场景中的分离，私钥信息在无人看管的节点机内存储，这都是私钥安全的大忌。

反观比特币、以太坊等公链平台，无人操作的挖矿/记账节点上不存储私钥，随同这些节点部署的智能合约也不使用私钥，所有私钥均部署于"端"，这已是一个常识性的问题。基于这一点，很多人对于 Corda 的私钥部署问题有所非议，甚至说 Corda 的设计者"外行"。个人认为，Corda 针对的是金融机构及其商业客户组成的联盟链，不存在矿池或者类似 Fabric 提供的本质上是"软件定义的区块链"这种情况。这些都是用户在物理上够不着的公共服务设施，每家参与机构自身的节点就部署在自己可控的区域之内。私钥安全在这样的场景下是相对而言有保障的。

即便如此，也会提出一旦私钥丢失，应该如何应对的问题。这个问题还可以进一步分解为"如何防止该用的人不能用"和"如何防止不该用的人试图用"两个子问题。在 Corda 中，前一个问题可以通过复合密钥来解决

（在主用私钥和备用私钥之间设置"或"逻辑），而后一个问题是否可以仅通过网络访问控制措施来解决，还是一个疑问。

Corda 的失败与成功

Corda 是一个失败的项目还是一个成功的项目？这是一个争议很大的问题。有人说，R3 花了几千万美元，连个区块链都做不出来，是个彻头彻尾的失败。这话太不公道。暂且不说他们的目标根本不是做一个在数据结构方面具有链式钩稽关系的基础账本，而是帮助金融机构在合规合法的前提下建立可互操作的去中心化数据库。评价一个分布式账本项目是否成功，也不是仅有技术一个决定因素，甚至技术可能根本就不是一个决定因素。更何况 Corda 在技术架构上还有那么多有特色的创新。这些技术上的事情，回答前面几个问题的时候都已经把我的观点差不多说完了，剩下一个软件成熟度的问题我觉得就是一个熬时间的问题，目前除了比特币之外别人也并没有显示出过人之处。现在让我们撇下技术来谈业务和商业模式。

首先谈业务。不可否认的是，Corda 是所有的分布式账本平台里"长得最像银行的"。它出自银行业务大咖们之手，在架构设计上充分考虑了商业银行与商业银行之间、商业银行与它们的商业客户之间业务上互联互通互操作的复杂需求，特别是对银行这类机构内部涉及合法合规稳健运营的要求有着十分深刻的理解。这种与业务需求得天独厚的贴近是令其他分布式账本项目十分羡慕的。

但是,Corda 的最终成功意味着包含银行和银行的商业客户在内的一群大机构基于分布式账本技术实现互操作生态的落地。这绝不是一件小事情。以本人的经验而言,构建一个一强多弱、一大 N 小的生态,在联盟链里成功率是最高的。多强格局是最难搞定的。然而,Corda 从一开始的定位就无法摆脱这个最难搞定的目标,多家银行加上它们的商业客户,这样的生态就算是成熟技术都很难伺候,遑论创新成长中的技术了!

所以,Corda 是在为一个最难搞定的联盟形态提供技术平台,这是一条最艰难的道路。在这条道路上,R3 联盟的同行们做了非常有意义的探索和实践,取得了阶段性的成果。当然,他们的努力也招来了一些非议,R3 联盟本身也遭到了其个别创始成员的"退群"。如果把 Corda 的成功界定为把这个最难搞定的生态建立起来,用平台支撑它转动起来,那这条道路确实既漫长、又凶险,失败的可能性也不小。但我个人判断,失败的原因只有极小的可能性是因为技术!即使 Corda 失败了,后来的成功者也很难无视 Corda 在探索与实践中形成的经验和教训。在这个意义上,无论 Corda 将来是先驱还是先烈,他们在技术上的探索与实践都是十分值得我们尊敬的。

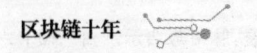

以太坊硬分叉:两种选择,两种结局

东窗事发

北京时间 2016 年 6 月 17 日下午,运行在以太坊公有链上的 The DAO 智能合约遭遇攻击,该合约筹集的公众款项不断被一个函数的递归调用转向它的子合约,涉及总额 300 多万以太币。这是一起严重的智能合约被攻击事件,引起了区块链领域各方人士的高度关切。

关于事件的影响和波及程度,可以通过以太坊社区高层发布的一系列官方消息来做一个初步的判断。

1.事件是 The DAO 智能合约本身脚本的漏洞被利用所引发,没有证据表明以太坊公有链的基础协议、基础平台和 EVM 虚拟机的技术实现与事件的发生之间有可以论证的因果联系,可以初步认为与 The DAO 无关的以太坊公有链运作不受事件的影响。

2.攻击行为是发生在 The DAO 和它的子合约之间的资金转移,被劫持的资金仍然存留在以太坊体系内,按照合约的技术设定,27 日之内资金无法被提走,因此所发生的损失是可控的,还有挽回的时间和余地。

3.对事件采取的危机管理措施,带有一定程度的中心化色彩,令坚持去中心化理念的人士心怀疑虑,担心区块链社区秉持的去中心化原则遭到破坏并开启一个危险的先例。但这担心是否会转化为真实的客户和资金流失,有待进一步评估。

危机应对

事件定位后,以太坊社区采取了如下的危机管理措施:首先是号召社区利用垃圾交易等阻断后续的资金转移;然后是组织核心开发团队开发补救版本,拟通过"软分叉"方式部署上线,以此来达到事实上废除发生在The DAO及其子合同之间的以太币转移交易的目的;与此同时,社区会积极研究后续根除类似攻击的技术手段,一旦找到,不排除通过"硬分叉"方式实现全网的版本升级。

对于本案例来说,软分叉意味着锁定被黑客不当获取的资金永不被任何人动用,但该笔资金依然在基础账本中存在。硬分叉意味着从基础账本的层面抹除黑客实施的攻击记录及其相关的后续交易记录,但保留与此无关的其他交易记录。最终,社区否决了软分叉提案,实施了硬分叉。但是,以太坊社区也因此付出了惨痛的代价:账本分裂,社区分裂。

参照资本市场技术领域的危机应对实践,我对The DAO事件的危机应对有如下看法:

1. 危机管理、应急处置在第一时间优先考虑的必然是隔离风险,而非根除隐患。隔离了风险,就为根除隐患赢得了时间和进一步的运作余地。

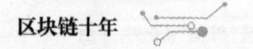

本次事件中,风险扩散的最危险的敞口是被劫持的资金转出以太坊体系之外,到那个时候就真的"摊上大事儿了"。所以,选择关门打狗,无疑是正确的。

2.在成熟的资本市场,对于显失公平的交易予以取消、冻结或暂缓交收等措施,在各国立法和具体实践中,也有很多行之有效的做法。在区块链、数字货币这样的创新领域,法律或许还有空白地带,但在危机管理的理念和风险防控的法理精神上,是和成熟资本市场的做法一脉相承的,应予肯定。

3.有人批评硬分叉的做法破坏了区块链社区所秉持的"代码即法"的理念,这个口子开不得。我认为,事件中与劫持资金相关联的那些交易是"显失公平"的交易。The DAO 智能合约的脚本漏洞说明:在运行中的"代码"与开发者头脑中的"法"出现了明显的不一致。当"代码即法"的理念遭遇开发者难以避免的程序瑕疵,而作为程序输入的原始需求在法律上缺位的时候,我们不禁要问:是任由程序员"打哪指哪",还是需要一个外部的原始需求输入指引程序员"指哪打哪"? 如果是后者,外部的原始需求和程序员写出来的代码,哪个具有更强的法律效力?

The DAO 事件反思:如何驾驭"悬顶之剑"

The DAO 事件是区块链问世以来的一次带有标志性的事件。它带给我们的启示和思考涉及很多方面。

第一,当"去中心化"的理念遭遇"危机管理"的现实,社区该做什么样的决断?什么才是真正的程序正义?

我认为,作为民间社区开发运作的区块链技术体系,在常态下秉持"去中心化"的理念有其积极意义。但是,"去中心化"不是僵死的教条,不是眼看钱都要被洗劫走了还在那儿争论不休。危机处理的要义就是在第一时间隔离风险,控制风险的蔓延,把损失局限到尽量小的范围,任何违背这个要义的做法都是耍流氓,不管披着技术民主的外衣还是去中心化的光环,都不能改变其耍流氓的本质。危机处理就是当断则断。当断不断,必遭其乱。

断,就要有相应的机制,包括预案、授权、尽责基础上的免责以及相应的技术手段。预案是事先对危机场景及其应对措施的设定。即使是按照去中心化的机制攒出来的预案,也比没有预案要好得多。授权是提高危机管理效率特别是时间效率的保障。七嘴八舌争论不休的局面无法进行有效的危机管理。涉及对复杂技术系统、复杂利益关系和复杂影响链条理解的危机管理,更需要专业化的团队和专业上有突出能力的精神领袖在危机场景中冲在第一线。因此事先做好对专业化危机管理团队和精神领袖的授权,是标榜技术民主的民间社区必须补的一堂课。接下来,如果你认可预案,认可对执行预案的团队和领袖的授权,而他们在危机中也确实忠实执行了预案、履行了被授权的义务,在此基础上仍然无法挽回的损失就不应再归咎于他们。最后,技术手段对于高效率执行预案是非常关键的。在传统交易所里,在危机场景下,一个交易产品或板块如果不适合继续交易,交易所可以对之采取临时紧急停牌等措施;如果整个市场不适合继续交易,交易所可以对之采取临时紧急停市的措施。这两类措施最后都会落实到技术系统中,体现为既对用户友好又有充分操作风险警示的危机管理操作界面。把这类被传统金融领域证明为行之有效的危机管理机制借鉴到民间区块链的运营中来,有非常积极的意义。

第二,智能合约需不需要有一个可追责的业务 owner(负责人)？智能合约和平台之间是否应建立明晰的责任边界？

智能合约是金融科技史上的一项伟大的创新,对其正面意义怎么评价都不会过高。但是,智能合约一旦有漏洞,谁对这个智能合约负责呢？比照一下成熟资本市场和传统交易所,任何一个金融创新产品的推出上线,都是有业务 owner 的。如果属于业务逻辑的设计错误导致利用这个错误的人不当得利而另外一些人遭受损失,这个业务 owner 难辞其咎。智能合约的运行实践中,似乎出现了一种令人不安的倾向,即越是找不到可以追责的人,这个智能合约就被视为越有创意和反叛精神,越被市场追捧。这是不正常的。所以,民间数字货币的现状,绝不是一个合理的、理想的利益平衡点。理想的利益平衡点必须在考虑最坏后果的前提下实现正常的追责逻辑,可以是实现质押一笔追责保证金,可以签署一份法律上责权清晰的(不同于标的智能合约的)书面协议。

智能合约的业务 owner 不清晰带来的一个严重的后果,就是合约"感冒",平台"吃药"。就这次事件来说,平台本来是没有过错的,但是却必须为合约的错误承担后果,处理善后,蒙受名誉损失甚至经济损失。正确明晰地界定智能合约和平台的法律责任边界,已经提上日程。平台所承载的金融内涵越厚越重,界定责任边界的工作就越迫在眉睫。

当然,鉴于合约和平台间在技术实现上有着千丝万缕的联系,就算确定了智能合约的业务 owner,危机处理的过程也不可能仅由业务 owner 独自完成,平台方面的配合和支持一定是不可缺少的,但这是在明确责任边界基础之上的配合和支持,而不是业务 owner 挖坑,平台往里跳的关系。

第三,如果区块链技术引入金融主战场,如何避免类似事件的发生?

将区块链技术引入金融主战场,哪怕只是金融主战场的边缘地带,都不是一个小的动作,从这次事件中充分吸取的教训,有助于相应工作的有序健康推进。

首先,各类法律、法规、业务规则和监管规章都要第一时间跟进到目标业务的区块链实现上。没有对一个技术动作的业务内涵及其法律后果的深入理解,就无法评估这个技术动作背后应该施加什么、施加多少风险防控措施。这就是为什么以正规金融应用为目标的区块链或分布式账本技术联盟当中,都必须有法律和合规方面的工作内容的原因所在。

其次,进军金融领域的区块链技术社区要尊重成熟资本市场在多年的运行实践中积累下来的运行经验特别是危机管理、应急处置经验,从其大量的案例中汲取营养和教训,不要重犯已有历史记载的错误。比如某电子商务平台的光缆被挖断事件,如果在他们的数据中心建设之初就向多地容灾方面已有成熟解决方案的金融科技领域取经,这种事件是绝不可能发生的。面向金融领域的区块链或分布式账本技术体系的建设,也要本着以史为镜的精神,少谈颠覆,多做融合。

还有,智能合约是一个全新的事物,它既是业务逻辑的载体,同时又扎扎实实地落在了技术实现的层面。对智能合约的评审、风控,就不单单是传统金融机构的"业务部门"可以独家搞定的东西,而是同时具有了业务属性和技术属性。随着智能合约向传统金融机构的渗透,传统金融机构与之对接的业务 owner 部门必须配备大量技术业务复合型人才,这对于准备引进区块链技术的传统金融机构来说,也是一个前所未有的全新挑战。

未来何去何从

技术挑战

从技术层面看,区块链实现了在不具备信任基础的节点之间传递信任、在不守恒的信息网络上传递价值,进而在程序代码的控制下、在需要自证清白的监督审计压力之下执行涉及信任和价值的复杂业务逻辑成为可能。这是伟大的技术创新,它开启了一个新的时代。

但是,区块链技术还处在发展的初期阶段,它面临很多新的挑战,它在落地实践中遇到了很多新的诉求和约束。它离它所推崇的"价值互联网"的愿景之间还有不小的差距。具体到技术上,我认为目前形势下成功应对性能、隐私保护、跨链和协议栈分层的挑战最为关键。

在性能方面，应大力发展基于内存的共识机制和将历史数据分离至去中心化存储是极为必要的。在全球联网、广泛参与的大格局下，不太可能出现全网失电的场景。因此持久化不应作为记账的前提，已经达成但尚未持久化的交易可通过其他技术手段回补。在进入主战场后，交易数将迅速放大，全量存储也不应成为记账的前提，主链与去中心化存储之间可通过其他技术手段做好协同。这两方面如能释放出进一步的潜能，对于区块链性能的提升有非常大的促进作用。

在隐私保护方面，密码学努力和非密码学努力应该齐头并进。密码学努力主要集中在诸如同态加密、零知识证明等机制的高效算法实现上。非密码学努力主要集中在保持原始样本隐私条件下的合作学习机制及其高效算法实现上。另外，隐私数据参与数据合作时的贡献度度量也已经提上日程，与区块链技术相结合可助力构建更为良性的数据合作生态。

在跨链方面，随着应用的推进，特别是随着锚定法币的稳定币和法定数字货币的不断出台，数字资产流通规模将急剧放大，而数字资产原有发行源头将会弱化。由此会导致每条链既管发行又管流通的"山头林立"局面会让位给发行与流通相分离的"各管一段"局面，大流通必将对信任和价值跨链互通提出新的需求，跨链会成为未来的标配。通过协议方式实现跨链是更好的选择。在跨链协议中引入更多同步、互锁等机制有可能是跨链技术未来发展的主要方向。

在协议栈分层方面，相比价值转移而言，存证和定序是区块链技术更基本的技术诉求，不应把存证建立在交易确认的基础之上（比如作为交易的附言），而应把交易建立在存证和定序的基础之上。在业务层面，交易请求的收讫、交易合法性的确认和交易最终性的达成也需要有清晰的分割，以适应不同的业务闭环要求。一竿子捅到底不是好的选择。可运维性、可治理性诉求都应该在协议栈分层中有所体现，对信息内容的监管要求应该在区块链协议栈体系内有适当的位置予以满足。所有这些，如果有机会新建公链，应该从底层开始进行更全面的规划和更科学的顶层设计。

业态：币圈链圈，殊途同归

区块链技术因为可以绕开中间环节靠数学和算法进行信任状态和价值的传递，故有明显的自带业务逻辑特点，包括自带激励和自带营销，这在一定程度上对于推动与数字化生产力相适应的生产关系变革是有积极作用的。链圈某些项目把现实世界中的生产关系原封不动搬到区块链上，发现区块链如同鸡肋，不如不做；币圈某些项目把区块链自带的生产关系置于现实世界的法律和监管视野之外，对犯罪和违法行为缺乏约束手段，做得过头。实践下来，两方面都感觉有所不足，落地艰难。链圈在推动"链改"，币圈在推动"币改"。区块链业态的大变革时代正在到来。双方面变革的目标其实是一个，就是在法律和监管许可的范围内，推动以区块链为技术实现手段的适度的生产关系调整。

处在这样一个时代当中，区块链业界应该不再简单地划分为"币圈"和

"链圈",以落地约束变革、以变革推动落地的"用圈"呼之欲出。相应的配套制度会逐渐成熟。区块链领域新入场的资产、资金和人群将呈现新的面貌。

治理与监管

区块链治理与监管是为区块链技术良性发展保驾护航的必要举措。

区块链治理有社区自治的一方面,也有服从国家社会治理大目标的一方面。区块链社区自治其实有两个环节,第一个环节是用程序正义的方式产生规则(包括权力分配和价值分配)和决议,第二个环节是把规则和决议变成程序代码,赋予其自动强制执行的属性。此事不仅涉及理念,还涉及技术;不仅涉及区块链技术本身,还涉及配套技术,比如物联网甚至物理世界中的信息注入、隐藏和提取技术。

服从、配合国家社会治理大目标是公民和社团应尽的义务和责任。体现在区块链上,就是要把区块链打造成"属地可治理"的区块链。这也不仅仅是理念问题,同样有技术挑战在里面。我们前面说的协议栈分层架构就是技术挑战之一。如何使被法律所禁止的信息既能在区块链上不可读,又不影响区块链的块间钩稽关系,在技术上如何处理,是一个需要攻克的技术难关。

从比特币到计算主义：
一切皆可计算

孙立林

> 世界不仅是一台最值得称道的机器，而且就其心灵组成而言，它也是一个最好的共和国。
> ——戈特弗里德·威廉·莱布尼茨

作始也简，将毕也钜

　　2013年夏天，我还在银联负责管理一家子公司业务。当时比特币中国（BTCC）的李启元找到我，想接入银联支付通道来为交易所充值。这是我第一次认真了解比特币的基本逻辑。出于合规性考虑，我当时没有受理比特币中国作为商户，而是将其推荐给了其他支付机构。没想到当年中国人民银行发文之后就开始严查该类交易，从当时的角度来看算是躲过了一次合规性危机。

　　由于我长期从事支付清算业务的战略与创新产品工作，这也正是两个平行世界理念冲撞最为激烈的焦点，因此我反复揣摩细想了小半年是否要正式进入比特币世界。其间我以玩票的心态跟着大学同学一起挖矿，也在上海开始更多地参加比特币社区的各种活动。那时候我算是圈内少有甚至也许是唯一一个金融基础设施机构背景的参与者。其间第一次在上海见到Vitalik，一起吃饭时，听他说起当时还是新生事物的以太坊。各路人等高谈阔论,我则只是认真旁听。恰逢 Ripple 春风得意,我仔细看过后还在银联高层领导群里大力推荐研究,无一人理会;我和其他金融机构同业聊起比特币时,也普遍是被一笑而过。

2014 年我离开银联走上独自创业之路,第一个想法是做一个数字货币的全球转接清算网络,但当时市场低迷,未能得以实现。在北京的一次大规模聚会之后,我逐步开始在社区中完全潜水,此时挖矿也逐渐陷入极深的低谷,一时间如梦幻泡影。

直到 2015 年夏天,沈波老师联系我,问我有没有兴趣认识肖风。某天下午,我拜会肖总,两人一起聊到了区块链技术在金融领域的应用以及筹备中的第一届万向区块链峰会。没想到肖总从 2014 年比特币最为萧条的阶段就开始在国内大力推进区块链技术的应用普及,这之后肖总邀请我参加了当年 10 月份的首届会议,还临时被安排做了银行与支付专场的主持人,偶遇中国人民银行老领导和其他金融同业都以或激进或审视的姿态参与其中。这次会议可以算是中国区块链发展史上社区重新集结和点燃热情的标志性事件和里程碑。

自此之后,我开始全身心投入到区块链技术的推广与研发中,其间也多有曲折。2015 年 12 月底的某天,我与肖总微信讨论了几个小时,结论是必须下狠手投入区块链基础设施的研发,而不是泛泛地做应用,否则长期核心竞争能力亦不可得。我们团队反复讨论后,认定密码学的理论突破和实践将会是区块链技术发展的核心,于是 2016 年初我报名参加中国密码学会,在半年多的时间里密集参加各类密码会议与培训,拉清单式地拜访国内知名的密码学专业研究机构与高校。

不同于其他技术领域,密码学的探索如果没有坚实的数学与计算复杂性理论基础,其实只能泛泛地基于开源来做一些应用和简单的封装,并不能取得真正意义上的突破。好在我们一直坚持下来,最终发现以 MPC 为代表的系列算法是真正解决数据流动性问题的核心能力,会将整个区块链世界从数据交换延伸到协同计算领域。我们几乎是直觉般地将之定为核心战略,自此开始探索隐私计算的各个角落。

这期间我们的公司名称从钜真演变为矩阵元,冥冥中倒也暗合了人类认知进化的基本规律。

"作始也简,将毕也钜。"

对区块链的认知迭代

区块链的基础设施禀赋

全人类已经逐步沉浸至全数字化时代,人类的各项社会化行为都将以数据为载体来建立联系,大规模社会化协同日益展开为数据交换与数据共享,如同物理时代为了记录行为及自然现象产生记账行为、诞生文字符号,交流沟通产生语言,交换贸易产生货币一样,全数字化时代必然也会诞生全新的工具和基础设施来记录和展现人类的行为。以区块链为代表的大规模分布式协作系统正是这个时代最为重要的基础设施。

当然,目前数字时代仍然处于早期探索阶段,对于数字时代的基础协议(语言文字)、共识(记账模式)、交换载体以及记账工具(数字货币)产生了不同的阐释、解读与实践。经过无数次的尝试之后,一定会进化出适配下一阶段数字化进程的公共基础设施。无论成败,这也将是人类对全数字化时代的有益探索。

从金融基础设施的视角来观察,比特币的初始设计就给出了一条与传统支付清算和货币体系不一样的道路,其将支付、清算、结算一体化,从第一性原则出发解决了在线支付的差错与交易抵赖问题,这是个异常有趣的理念分界线。相应需要付出的代价是系统效率远远落后于传统的中心化系统。我们的探索之路也是从这里开始的。

超级清算方的出现

◎ 传统数据交换体制的挑战

人类社会一直以金字塔式的树状结构来施行治理、传递信任、发行信用。当参与计算的节点数量不足够多时,传统的中心化结构表现优异。但随着未来作为智能终端节点存在的实体数量逼近万亿级,传统模式将无法完美地满足需求。

这一基本事实也将逐步解构、瓦解传统中心化结构对于算力和数据的垄断，直至新的基础设施尘埃落定。

以传统金融基础设施之中最具普适性意义的支付清算体系来举例，传统金融世界中的卡组织模式收取的交换费是基于四方模式、双边市场来进行定价，这其实是数字化世界真正到来之前比较简陋的模型，但也已经发挥了巨大的作用，极大地促进了消费，基于中心化模式下构建的信任体制实现了基础的报文转发＋数据交换，同时支撑了信用数据的充分流动。

其简陋之处在于参与节点数量仍然过少，前大数据时代尚未产生足够的海量数据用于分发和交换，因此无须考虑过于复杂的交换网络。换句话说，"涌现"尚未来临，生物多样性没有得到体现。

而全网分布式条件下由于参与交换的节点数量呈现爆发式增长，会导致传统的中心化交换、四方或者多方参与分润的模式嬗变为分布式交换、全网分润计费模型。未来完全可以通过为各个参与方提供不同强度的隐私保护，来推动信用发行的 Tokenization（通证化）。其价值点在于极大地降低流动性的摩擦阻力，包括交换费及单个节点维护与多家中心化机构 IT 基础设施的成本。

从这个角度出发，单一货币体系＋强中心化交换模式虽然在一定历史时期极大地降低了社会总体成本，提升了流动性，但随着节点增多、需求更加定制化，反而会导致流动性成本提升。因为流动性存在"不对等属性"，如同生态环境当中，不同物种处于生态链的不同环节，物种的域、界、门、纲、目、科、属、种是天然的食物链。不同层次的"数据"也会出现流动性不对等的问题,从而出现一部分节点单向输出流动性,导致不平等的产生,强制的中心化模式导致了另外一种不公平,因此需要允许对等节点之间的直接流动。这些都是传统中心化架构无法也不愿意做到的。

◎ 基础设施的进化之路

在传统基础设施条件下,每个垂直领域的应用都不得不依赖于强中心化节点的治理架构,彼此之间进行数据交换。

但数据交换只是数据流动的范式之一,随着数据流动性日益增强,更加迫切的需求是在确保数据隐私的条件下,各方进行以数据共享为目的的协同计算。这就给出了数据流动性的另一个范式,这一范式的潜力远远超越了原来简单粗陋的数据交换体系。

原因在于数据价值并不来源于原始数据本身,而是通过计算过程之后的结果。数据价值与数据样本的大小等要素并不完全正相关,也就是说单纯的数据、算力、算法都无法对数据给出定价,唯一可以给出定价基准的是"计算",计算作为对数据的处理过程将会最终反映出市场对于数据本身的价值体现。这也是数据真正可以作为交易品种资产化的系统支撑。

下一代的基础设施可以完备地面向多源异构数据提供分布式的数据交换与协同计算服务,提供完备的数据流动性,不仅不用复制或者存储其他节点的数据资源,甚至也无法看到数据真面貌。更重要的是,这一基础设施是无视于垂直业务领域的通用平台,这就是未来的"超级清算方"。在其中区块链技术将会发挥重要作用。

具备超级清算方能力的基础设施需要将各种计算资源和应用服务化，形成跨地域、跨服务、跨账户、跨主体、跨行业的公共基础设施。在这一条件下，不再需要重复建设各个行业、各个业务的垂直数据交换体系，而是将全网资源和应用都视为可连接、可计费、可运营的服务，基础设施在这个意义上实现与业务和资源的解耦，可以灵活支持更多上层应用，同时支撑大规模协同与并发的需求。

但今天的区块链技术仍然不足以支撑具备以上能力的基础设施，今天全球区块链的竞争日益收敛到底层技术的军备竞赛乃至全面竞争。在这个历史阶段的主旋律是从技术角度解决核心问题，停留在泛泛的应用层面都将会是隔靴搔痒。

◎ 区块链技术面临的挑战

区块链技术的第一个挑战来源于整体性能和效率。大规模分布式系统的设计、实现、测试、运营都是非常难以驾驭的挑战，而区块链这一设计从原初就做了取舍，在当前技术条件下很难达到原有中心化体系、又或者传统分布式架构具备的性能。

第二个挑战来自于今天的智能合约体系远不够"智能"。当下以太坊为代表的智能合约也可被认为是一种Serverless架构，智能合约在虚拟机（VM）中执行计算，但目前智能合约实际只有单线程运行性能，增加计算资源实际上并不能提高智能合约执行性能。业界也都在探讨分片、状态通道、多链架构等性能扩展方案，但尚未出现成熟应用。换言之，今天的智能合约体系是无法真正表达和支撑企业级服务的,过于复杂的合约将会导致系统性能极其低下。

第三个挑战源于数据隐私,无论出于数据隐私的合规性,还是数据拥有方对于数据资产的重视程度,企业或者机构都无法接受数据公开透明地被访问,只有采取相应的隐私保护策略之后,数据价值才有可能被真正释放出来。

对以上三个问题的定义、构造和解决构成了下一代区块链技术的发展方向与命题。过去五年我们从区块链底层起步,一开始也是乱花渐欲迷人眼,感觉有价值且可以解决的问题很多,但经过大量的实践,最终选择从第一性原则出发,逐步将注意力收敛到了可扩展性与隐私保护两个核心问题。

到此,我们突然意识到一切的探索都可以归结于"计算复杂度"和"通信复杂度",尤其是计算复杂度带给算法和架构、工程实践的挑战是前所未有的。我们在理念的力量驱动下出发,细细想来,又回归到了进化最初的原点:计算。

回顾整个 IT、互联网乃至人类认知的发展历程,几乎就是一部计算的进化历史。从这个角度出发再来看许多对于区块链价值和趋势的质疑,实在是不值一哂。

请君入瓮,不得不来。从不屑一顾,到甘之如饴。过去的 20 年中,PC、智能手机带来的网瘾族、低头族的出现已经无情地证明了这一点。放眼未来的人类,不管计算的工具和方法如何进化,我们都将是计算的主宰,只是我们也在不知不觉中被异化为计算的目标。

计算主义与 Trustless Computing

存在为复杂网络的区块链生态

我们身处于一个由复杂性构筑的时代。

人与人、人与物、物与物之间的关系,"涌现"般的从单向性、单线性的关系进化到多维度的复杂拓扑结构。

从当下开始,直到可见的未来,数以百亿乃至万亿计的智能节点逐步加入并组成全球计算网络。"节点"们不同程度上掌握了充分甚至冗余的算力与存储,期待着与世界的链接与共识。

节点之间正在产生难以计量的多维度的链接,多层次地定义了万事万物的价值。"链接"产生了意义,决定了某一"节点"的特定状态对其他"节点"的影响或改变,产生了新的度量衡。

这一切正在并将逐步建构真正意义上的复杂网络,呈现为高度自组织的分布式体系。这一基本事实亦将逐步解构乃至瓦解传统计算架构对于治理结构、算法、算力与数据的垄断,直至新一代的全数字化基础设施横空出世。

结构决定功能。目前几乎所有的区块链技术体系都仍局限于节点之

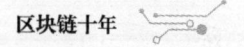

间的"信任"与性能问题。但如果继续沿袭这样的思路,我们将仍然无法摆脱今天这个离散、孤立、无隐私保护的互联网架构,我们也将仍然无法处理各类复杂问题。

将复杂性还原为根本问题之后,全数字化世界的公共基础设施可以展开为:数据的流动性、多源异构网络的自组织与可装配的隐私保护。要实现充分的数据交换与协同计算,这一切都源于无所不在的计算。也只有依赖这一不断进化的基础设施,我们才可以真正展望人工智能可计算的未来。

自莱布尼茨始,计算日益成为科学与哲学的基础方法论,并已经在从原子世界发展到比特世界的过程中呈现出统一的威力。计算是对数据和信息的处理过程,计算是宇宙与生命存在和进化的基本方式,计算是人类认知和行为的基础范式。

从这一视角出发,区块链的未来既依赖于经济模型与激励机制,又极大程度地超越于此。让我们将目光投向更为重要的领域,认真思考在未来互联网和数字时代,我们应该如何构造与生存。

计算主义与区块链

◎ **计算主义的历史地位**

莱布尼茨在《论万物的终极起源》中描述道:"世界不仅是一台最值得

称道的机器,而且就其心灵组成而言,它也是一个最好的共和国(optima Respublica)。"⑫

回顾计算一路走来的过程,可以发现从"史前"数学到古希腊数学,数学起源于计算,人类对世界的认知与改造也起源于计算过程,测量、水利、狩猎、气象等各项基本生存要素,都要从基础的计算方法和过程来展开、实现。

进一步,从计算转变到推理被视为"数学"的开端,然而计算在数学大厦中却没有立锥之地。

莱布尼茨梦想有一套普遍的演算规则,能完全实现人类的理性的逻辑推理,并且制造出完成这些演算的机器,从而使心灵从创造性思维中解脱出来。莱布尼茨的伟大在于前瞻性地尝试探究计算的本质,虽然没有给出答案,甚至于今天给出的答案也与莱布尼茨期望相左,但是某种程度上说,300年后的今天,人类依然在延续着莱布尼茨的梦想。

在此之后,布尔、弗雷格、罗素、希尔伯特、哥德尔直到图灵,一代代的思想者推动人类认知的模式从逻辑推理向计算转变。图灵机完整地定义算法之后,我们终于可以知道算法的边界在哪里,哪些问题可计算,哪些问题完全不可计算。可以说,计算进化的过程正是人类认知进步的过程。人类的伟大成果,绝大部分是计算出来的。

---

⑫ 戈特弗里德·威廉·莱布尼茨:《莱布尼茨早期形而上学文集》,北京:商务印书馆,2017

◎ 重回莱布尼茨之梦

人展开为此在映射出的无数个存在本体,基于万物互联构造出的日益多样性的外部连接,产生了日益丰富的外部认知,构造出多样化的解决方案来改造世界。人的此在只能通过计算、存储与通信的融合来实现认知的完整过程以及迭代进化。而计算过程是由数据、算法和算力共同构建的。

算法是人类高举理性主义旗帜的产物,在知识层面,可以将所有算法理解为都是以人为主语,以输入的数据为宾语。算法的目的是改变宾语的状态,需要在有限时间内、有限资源条件下可执行,并且输出为确定性结果。这些综合起来构成狭义的算法概念。

而改变数据状态的是"计算",算法和计算过程是谓语的一体两面,这一认知与执行过程的知行合一才构成了我们的世界。

从比特币开始的区块链革命正是一个标准的"计算主义"的伟大实践,以一个高度抽象的信任问题来凝聚人类共识,而将具体的应用与服务作为后续路径逐步展开,以激励手段推进社会的大规模协同直至进入真正意义上的全数字化时代。虽然今天我们的科学技术实践都仍未超出图灵与香农定理的范畴,虽然今天的区块链领域中鱼龙混杂甚至令人失望,但从比特币开始给出的清算交收一体化思路、随后产生的激励效应、基于"信任"驱动的共识机制将人类打开了对未来数字化世界的认知大门。正是在这个意义上,我们提出了 Trustless Computing,中文暂且可以翻译为"无须信任的计算"。

在一个充分展开为复杂性网络的时代中,任一单一中心化节点都无法从技术乃至治理层面承载更加复杂的大规模计算任务和数据流动,人类需要逐步转变成依靠无须人类干预的计算网络来代替传统工具,真正意义上实现人类的解放。至于作为个体的人类,是否会被网络异化为计算的对象和工具,这将同样是无法完全避免的。但我仍然充分相信,无论这一作为基础设施的计算网络如何演进,黑客帝国中的场景是不会出现的。"万物皆备于我","我"就是万物的主语和唯一,一切工具都将根本性地服从于主语的意志和操纵,这也是生而为人最根本的禀赋与存在方式。

我在与巴比特创始人长铗的讨论过程中,建议他将"计算即权力"演进至"计算即权利",长铗兄欣然认可。一字之差亦代表了我们对于整个问题的进一步深入思考。计算过程背后凝聚的人类认知与实践过程必然将作为我们生而具有的权利,同时也进一步要求我们承担相应的责任。

区块链与密码学

◎ 区块链为何需要密码学

采用密码学提供更强大的隐私保护,恰恰是为了让数据更加开放。密码学的崛起伴随着整个全数字化世界的演进过程。在每一个复杂网络中,数据的流动性与节点的泛智能化都将隐私问题的极端重要性摆在了机构和个人面前。数据的所有权归属本质上是对数据隐私的保护,这将构成下一代互联网的基础，也是人类数字化生存和技术的"栖居"的基本模式。这一看似矛盾的历史使命毫无疑问将由密码学来承担。

但必须说明的是密码学并不能孤立地解决全部问题，也不是密码算法越多越好。需要跨学科的理论突破、恰当的数据治理结构与大量的工程实践，才能够真正解决数据隐私性与可用性之间的根本"矛盾"，也是唯一能够解决现实场景中看似"不可能"问题的工具。

传统的区块链在技术层面只是用到了最为简单的密码学工具，其本身也并未提供隐私保护的功能。

与之相反，区块链这种新的分布式架构，对于隐私保护的需求远远高于传统架构，这也是为何不断有高级的密码学工具不断叠加于区块链之上以提供隐私保护的根本源动力。合适的密码学工具遇到合适的场景，进而推动了密码学的崛起。

◉ 区块链社区对于密码学的误读

密码学是一门真正的交叉学科，从数学到计算机科学，再到现在的量子力学甚至到生物学，都显示了密码学的强大的生命力。密码学吸收各个学科的特点，也同时促进各个学科的发展。面对我们所处的高度复杂的网络世界，也必须采用这样一门交叉学科的技术工具才能真正解决问题。

但毋庸置疑的是整个社区和社会对于一些基本概念存在有意无意的误读和混淆，是必须要予以申明和修正的。"密码学"（Cryptography）包含（但不限于）对称密码学和非对称密码学，分别研究对称密钥体系与公私钥体系(见表1)。研究范畴包括隐私性(Privacy)和完整性(Integrity)。隐私性又称机密性(Confidentiality),保护信息不被攻击者获取。完整性保证数据不被攻击者窜改。隐私性和完整性可以作为同时满足的特性进行研究。

"加密"(Encryption)只是密码学中的一部分,加密必然会对应着解密(Decryption)。加密是利用密钥从明文到密文的过程,解密是利用密钥从密文到明文的过程。Hash 只是数字摘要算法(Digital Digest),而并不是加密算法,因为无法(有效地)从 Hash 的结果中恢复出明文。

今天"Crypto"这一词已经进化出许多新的含义,被广泛应用到各个场合,成为新兴经济体的重要代称之一。

表1 密码货币(Cryptocurrency)中涉及的密码学技术

密码学	隐私性(Privacy)	完整性(Integrity)
对称密码学	对称加密(AES)	Hash(SHA256)
非对称密码学	非对称加密(ECIES)	数字签名(ECDSA)
	零知识证明(NIZK)	
	可验证计算	
	全同态加密(存在对称密钥的构造)	
	安全多方计算	

Cryptocurrency 正确的解读是"密码货币",而非"加密货币"。在原生的比特币系统中只是使用了 Hash 和数字签名算法,甚至没有使用加密算法。由于 Hash 和数字签名只是保护数据的完整性或者说不可窜改性,因

此原生的区块链技术根本无法提供任何隐私保护。隐私保护只有在叠加后续的零知识证明、安全多方计算、全同态加密等算法之后才可能被真正实现。

与之相对应的 Crypto Economics 也应该被称为密码经济学,而非以讹传讹的"加密经济学"。密码学的整个体系才是支撑未来经济体系的基础协议与能力,而非"加密"而已。信仰技术改变世界的社区极客,更应该具有理性主义精神,在基本概念上正本清源,而不是以讹传讹。

计算主义与计算的未来

计算主义作为一个抽象的理念,是几乎包括了当代各项新兴技术与学科的,其中根植于作为计算复杂性理论分支的密码学也需要在更高的层面被展开与实践。

在接下来的 10 到 20 年时间里,我们也许将会有幸见证到:

◎ **隐私计算**

为一切数据的流动性提供完备的价值保护与确权,直接表现为金融意义上的数据评级、估值与定价,这一理念下才有可能真正实现数据交易市场。但在这个可运营的隐私计算网络中,最终用户对采用何种密码学算法是无感知的,Crypto as a Service(CaaS,密云作为服务)将会作为公共基础设施的标配提供服务。

◎ 可验证计算

为一切计算任务的全网分发与执行提供高效的支撑与实现，确保全人类可以共享全球计算资源，这一条件下才有可能真正实现算力交易市场。

在以上两个条件下，都将需要有足够的激励机制，以及相应的度量衡来度量全人类对于全球计算资源和服务的使用，这就是我们眼中的 token，是对全人类各项 transaction（无论被翻译为"事务"还是"交易"都很传神）的基本度量与计费，如同今天的水电煤网络基础设施一样，面向多元化、多维度的 transaction 需要有更加符合这个时代需求的工具。比特币是度量这一未来时代人类基本生存方式的原初模型，简单且稳定。这也是作为基础设施的最基本特性。

◎ 电路计算

电路是计算的一种基本表现形式，电路复杂性是计算复杂性的一个重要分支。任意形式的可计算模型都可由电路表示。电路最早可以追溯到数学家乔治·布尔（George Boole），布尔电路即是以乔治·布尔命名的。电路复杂性最早的研究可以追溯到克劳德·艾尔伍德·香农（Claude Elwood Shannon）。电路因为其基本组成部分的简易性，是在密码学中被广泛使用的计算模型。

电路将会是未来区块链基础架构的基本表现形式和技术路线之一。我们相信全数字化世界将逐步、完整地向以电路为表现形式的公共基础设施转移。

电路是由各种不同的门（Gate）通过输入输出线构成的"复杂有向无环网络"。由逻辑门（比如：与、或、非、异或等）构成的电路称为布尔电路（Boolean Circuit）；由算术门（比如加法、乘法等）构成的电路称为算术电路（Arithmetic Circuit）。

电路是未来整个复杂网络的连接纽带。通过电路的形式垂直连接上层智能合约与底层共识算法，以达到计算可验证、可度量的根本目标。我们致力于通过电路来水平地连接各类算法，以到达计算的隐私性。电路作为安全多方计算、零知识证明、可验证计算、全同态加密共同使用的通用计算模型，以其超强的普适性串联各类算法。

更为重要的是，电路也是未来度量"计算"的基本单位。任何计算都可拆分为电路，电路以有限种类的门构成各类复杂的计算形态，如同生命一般，恰当的"简单"产生了极致的"复杂"。电路正是复杂性的最好诠释和缘起。对计算的度量可直接细化到门的数量和种类。各类计算中不同种类门的资源消耗不同，对各类门消耗的度量进而反映为对整个计算的度量，电路为计算的度量和定价提供了理论基础。

同时与计算相呼应的是，电路与下一代专用计算硬件无缝对接。下一代计算架构中有关计算的表示、算法的实现都将会围绕电路进行展开。计算密集型与通信密集型的算法最终需要专用硬件支持以支撑复杂的应用场景与逻辑。人类未来作为基础设施的计算架构的电路形态及模型将会天然地适合专用硬件的实现，从而实现软硬件的协同进化。

Let us compute

在未来，一切数据主权在"我"，今天的互联网巨头们将会被解构成为"我"所使用的"工具"。

这意味着，接下来的十年需要的不仅仅是一个通常意义上的区块链技术体系，"她"本质上是下个时代面向服务的"基础设施运营方"。

她将会是人类进入全数字化时代的"计算工厂"和"服务集市"。她是完备、完整的基于服务的计算架构，从数据的流动性视角提供完备的分布式网络框架、服务框架和生态体系。提供全面的计算、存储、通信能力；将算力、算法、数据等一切基础资源作为服务提供。

她也是全数字化世界的"通天塔"，致力于面向多源异构数据提供分布式的数据交换与协同计算；是多源数据与异构网络基础设施的连接器；从计算的角度超越原有孤立的价值本体；通过构造以电路为基本表现形式的分布式计算网络，将各种资源与应用服务化，形成跨地域、跨服务、跨账户、跨主体的公共基础设施。

她还是"算法世界"的入口与守护者，是一个提供完备隐私保护能力的运营服务网络。我们主张个人以及任何实体的数据主权神圣不可侵犯，但我们相信完备的隐私保护是为了让数据更加开放。为此将基于密码学中的各种算法来支撑这一理念。算法即信任，认证即交易。

她更是覆盖各种行业应用及服务中数据资产的"超级清算方",为各类服务和应用提供评级、估值和定价的技术能力支撑服务。我们相信场景业务化、业务数据化、数据资产化、数据交换代币化的基本演进过程。因此需要能够提供运营商级的运营支撑体系,涵盖计费、支付、清算、结算、差错、争议处理等。基于此,一切数据的流动皆可清算。

她将全面支持下一代计算架构中软硬件的协同进化,让用户使用起来更加方便简单。将理念的力量与机器生命融为一体,也许将不再出现零散、单一目的的矿工群体,而计算的力量将会蕴含在普遍意义上的运营级服务之中。

以此向过去的十年回首、致敬。

让我们聚集在计算主义理念下,汇聚理念的力量。

在未来,一切皆可计算。

密码经济：
从技术试验到社会试验

刘昌用

> 我呼吁维基解密不要使用比特币，比特币还只是一个试验中的弱小社区。
>
> ——中本聪

一日十年

我从 2013 年开始比特币研究、科普和投资,五年里经历了共同的世界货币梦想,币圈与链圈的分裂,比特币扩容失败后的群雄逐鹿,疯狂牛市后的理性回归。我的生活和梦想已经融入了从比特币和区块链进化出的密码经济之中。比特币扩容之争让我从跟随和科普转向了独立思考和参与这个伟大的历史进程,让我确信这不仅仅是技术试验,更是一场伟大的社会试验。这场试验的核心是探索去中心化经济组织模式,这决定了每个人都可以独立思考,参与其中。

2008 年 10 月 31 日比特币白皮书发表,2009 年 1 月 3 日比特币系统开始运行,它的创造者中本聪确信"20 年内,比特币要么有很大的交易量,要么一点都没有"。约两年后的 2010 年 12 月 5 日,中本聪呼吁"维基百科不要使用比特币!比特币还只是一个处于婴儿阶段的小规模社区试验"。现在,十年过去了,比特币成功了吗?这十年它经历了什么?我有幸亲身经历了这十年的后一半,结合自己的研究和实践谈谈我的理解和展望。

今天看来,中本聪的试验似乎已经远远超出了"比特币"的范围,人们更多地谈论"区块链"而非"比特币"。甚至"区块链"也难以涵盖所有从比特币衍生出来的技术与经济现象了,脱离"区块链"但仍然具有比特币某些技术特征的应用越来越多,比如 DAG(有向无环图)。这些应用有的无"链",有的无"币",但共同的基石是非对称密码技术提供的数字身份和签名授权。为此,我把基于非对称密码技术的应用称之为"密码经济",这样更易于理解比特币十年间衍生出的各种经济现象,理解这场伟大的社会试验。

货币之梦:向自由而生

从 2007 年中本聪开始设计比特币系统到 2013 年底 Vitalik 提出以太坊,整个密码经济生态拥有一个共同的梦想——比特币一定能成为全世界自由流通的货币。

中本聪的比特币白皮书中将比特币定义为不需要金融机构中介的点对点电子现金,[13]在 2009 年 1 月 3 日的比特币创世块中留言:"正值英国财

---

[13] 中本聪:《比特币白皮书:一种点对点的电子现金系统》,巴比特,https://www.8btc.com/wiki/bitcoin-a-peer-to-peer-electronic-cash-system。

政大臣达林被迫考虑再次出手纾解银行危机",这里包含了对法币金融体系的嘲讽和构建摆脱银行中介货币系统的目标。基于中本聪的目标,比特币的早期支持者们达成共识:比特币是跟法币不同的货币系统,是去中心化的货币系统,能够超越国界成为全世界流通的自由货币。

2013年9月我辞去行政职务,有了更多自由时间,遇到比特币热潮,借助维基百科花半小时梳理了其基本逻辑。我发现,这个新的货币逻辑在经济上可行,有可能颠覆全球货币系统。随后的学习、研究、科普和投资让我迅速融入了比特币的共识,我深信比特币能够成为全球流通的货币。不仅如此,我认为它能够取代法币系统,成为全球统一的主要货币系统。这算是最坚定的比特币梦想。当时的许多比特币支持者认为,比特币虽然能成为世界流通货币,但无法取代法币。

这个坚定的世界货币梦想有几个主要逻辑做支撑:

1. 比特币是"更好"的货币。从货币的本质看,货币是交换的媒介,其内在价值不在于有其他的用途,而在于它更方便交易,更好的货币意味着更方便交易。[14] 从这个角度看,人类的货币史先是努力发现更方便交换的实物,从而有了从小麦、贝壳到金银的实物货币;后来发现可以通过人为改造实物,尤其是通过信用背书使货币更便于交易,从而有了铸币和纸币;最后发展出比特币这种完全脱离实物形态,摆脱了信用背书弊端,并且更易

---

[14] 昌用:《比特币究竟有没有内在价值?》,巴比特资讯,2016年7月18日,https://www.8btc.com/article/97065

于交换的人为货币。所以,比特币是货币发展的最新阶段。[15]

2.货币具有马太效应。2013年出现了一些模仿比特币的其他密码货币,当时称为"山寨币",而更中性一些的称呼为"竞争币"。不少人质疑,比特币是开源的,如何保证比特币不被竞争币超越呢？当时看来这种风险并不大,因为在统一开放的市场上,具有同样属性的货币,使用的人越多,愿意尝试它的人就会越多。不同国家的法币是由于主权边界才能并存,金银铜是由于自然属性适用于不同规模交易而并存的。竞争币跟比特币性质完全相同,在比特币已经占有密码货币90%以上市场份额的情况下,人们更愿意持有和使用比特币,其他币是没有机会赶上的。

3.比特币的开放性能保持其竞争优势。有人提出,如果竞争币有重大创新,比比特币更好用,不就能够超越比特币了吗？我当时认为,比特币是一个开放的系统,如果一个竞争币能够有重要创新,被市场证明更便于交易,从而获得更多用户,那么,比特币完全可以吸收这种创新,在马太效应的帮助下获得不可超越的竞争优势。基于这个逻辑,直到现在,很多比特币支持者都将各种竞争币看作比特币的试验田。

4.比特币的多层支付系统。2013年比特币系统的区块容量限制在1M,每秒钟能够处理的最大交易数量约7笔(即7 TPS)。人们质疑比特币的处理能力无法胜任世界货币,支付宝双十一的高峰交易超过25万

---

[15]昌用:《比特币是更好的货币吗？》,巴比特资讯,2014年3月14日,https://www.8btc.com/article/9078

TPS(系统吞吐量)！对此,我认为存储和带宽的发展会使比特币主链能够处理更多的交易,更重要的是,比特币作为基础货币,仍可以发展第二、三层支付网络,比如侧链、闪电网络、第三方支付平台等等,基于比特币的信用体系也会形成。⑯ 市场需求会自然推动这一进程。⑰

这几个核心逻辑在我的科普文章和微博⑱中成为传播比特币知识和信仰的主要依据,也让我成为中文社区比特币的最坚定支持者之一。尽管"比特币将取代法币"的观点受到很多比特币支持者的质疑,但总体上,这个时期,比特币支持者(甚至包括竞争币支持者)有一个共同的梦想——让比特币成为全世界流通的货币。那是一个令人怀念的美好共识时代,因为接下来的五年,我经历了三次共识分裂。

一个江湖,两个圈子

至少从 2013 年开始,比特币的支持者们就意识到,比特币作为全球点对点网络协议的软件系统,不仅能够实现全球化的货币系统,还可以进一

---

⑯昌用:《比特币经济也需要信任》,巴比特资讯,2014 年 4 月 28 日,https://www.8btc.com/article/10794。

⑰昌用:《扩容之争与比特币的政治经济前景》,巴比特资讯,2016 年 12 月 23 日,https://www.8btc.com/article/113497。

⑱不幸的是,新浪微博"@昌用"在 2018 年 2 月被封,虽然开了新博"@昌用老师",但失去了大量的宝贵资料和好友。

步实现更多经济功能。在最早的比特币论坛 bitcointalk.org 和 reddit 的 bitcoin 板块中,比特币爱好者们做了许多的探索,并展开实践。

一种早期的拓展是在一些比特币上做标记,称为"染色",被染过色的比特币(Colored coins)可以赋予特定的经济含义,代表某种资产,借助于比特币系统流通。[19] 更进一步,Mastercoin(万事达币)和 Counterparty(合约币)则在比特币协议之上搭载了一层新的协议,以便实现数字资产发行、去中心化交易所等更多复杂的功能,这就是后来智能合约的雏形。与染色币不同的是,为实现新协议的开发和运行激励,它们有自己的代币:万事达币和合约币。

这些超出货币范畴的去中心化探索对比特币支持者是很大的鼓励,因为它在自由货币的基础上,又给了人们一个自由世界的梦想。国内比特币的早期开拓者李钧和长铗在《比特币:一个虚幻而真实的金融世界》中系统地梳理了基于比特币技术展开的各种可能的应用场景。结合这些进展,我也拓展了自己的梦想,认为从比特币出发将拓展出去中心化的自由世界,大致路线是:

1. 比特币成为世界货币。货币是市场经济的枢纽,去中心化的世界货币成为主流将使得全球市场经济自由度大幅提高,经济效率大幅提高。

---

[19] 比特币维基,https://en.bitcoin.it/wiki/Colored_Coins,;昌用:《对比特币进行染色发行 token 的思路》,BITKAN,2018 年 6 月 25 日,https://share.bitkan.com/zh/article/blog/6523? uid=11729&from=ios&utm_campaign=APPShare&utm_source=ios&utm_content=6523&utm_medium=blog&bkfrom=appshare&bktarget=copylink

2.从比特币衍生出去中心化开发平台。借助于比特币的全球影响,在比特币协议基础上,出现一些搭载其上的开发平台,如Mastercoin,这为更多去中心化的应用提供了基础。

3.人们利用开发平台设计各领域的应用。借助于Mastercoin等去中心化平台,各经济领域的从业者们可以自由地开发部署不同场景的应用。这些应用借助于比特币的价值媒介和去中心化网络系统大大拓展了应用范围,提高应用效率,更具有竞争优势。

4.比特币、平台、应用构成全球自由市场经济。从比特币衍生出开发平台,由开发平台实现各种应用场景,从而形成去中心化的、更具有自组织能力的全球市场经济,支撑起一个自由世界(参见图1)。

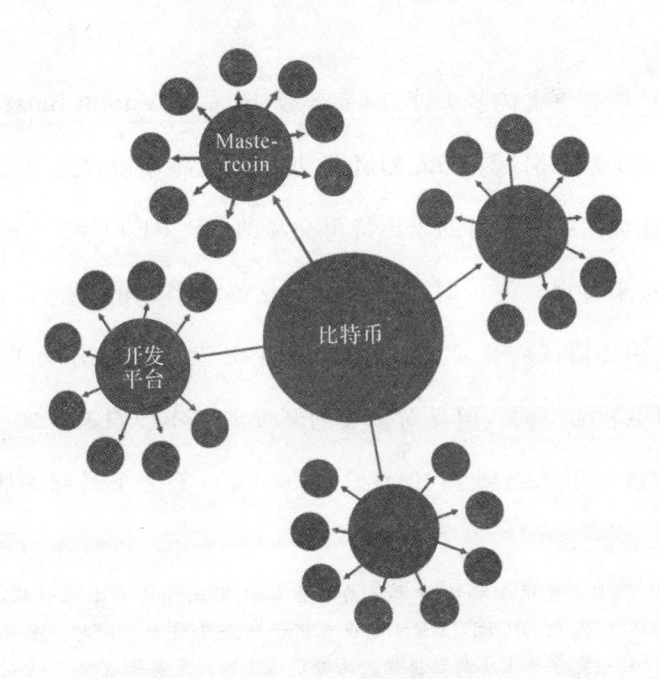

图1 比特币构建自由世界的梦想

这个拓展了的自由世界梦想不是我一个人的，当时的 Mastercoin 等创新得到很多人的支持，这是比特币社区的共识，只是大家对于其实现的范围和程度理解有所不同。我认为比特币能够取代法币，自然对这个自由世界有更强烈的期待。

然而很快，梦想的拓展演变成比特币社区的第一次分裂。

对于在比特币系统之上搭载新的协议实现更多功能，一些人持反对的态度，他们认为比特币要实现世界货币的目标，必须十分简洁和紧凑，以保证系统安全抗审查。他们担心搭载上层协议会增加比特币的存储和传输负担，更多的数据和代码会"污染"比特币主链。重要的是，这种担心来自于比特币系统的一些主要开发者，在他们的开发中并没有给这些探索以必要的支持。

同样怀揣着更大的梦想，2013 年年仅 19 岁的 Vitalik Buterin，也就是后来的 V 神，受到 Mastercoin 的启发，准备在比特币协议之上建立智能合约协议。此类拓展主要借助于比特币交易的 OP_RETURN[20]将附加信息写入区块链来实现。而当时每笔交易输出能够搭载的信息只有 80 个字节，限制了附加协议的开发。Vitalik 向核心开发者们提出，希望能够扩大 OP_RETURN 的空间。但反对拓展的开发者们不仅没有扩大空间，反而将 80 字节进一步压缩到了 40 字节。Vitalik 一怒之下另起炉灶，2013 年

---

[20]OP_RETURN 是用于将比特币交易输出标记为无效的脚本操作码。由于 OP_RETURN 的特性，因此 OP_RETURN 输出可用于燃烧比特币。同时，OP_RETURN 可以使人们直接将一定字节大小的数据嵌入比特币区块链的交易记录中。

底发布了以太坊白皮书,开启了一个新的时代。

以太坊所描绘的智能合约可能实现的丰富应用吸引了不少人,但由于另起炉灶,打破了比特币社区在比特币基础上建立自由世界的共识,受到了多数人的反对。Vitalik 为了开发以太坊系统开启了众筹融资,也被一些反对者斥责为骗子,社区开始分裂。

2013 年的比特币牛市跟比特币梦想及其拓展的传播有很大关系,尤其是在中国的传播。但进入 2014 年,牛市泡沫破灭、政策收紧和 Mt.Gox 倒闭等导致比特币价格暴跌,负面宣传越来越多。尤其是比特币挑战法币的本性为社区带来了巨大的政策压力。

在比特币受挫的背景下,结合以太坊智能合约远景的传播,一些人提出应该淡化比特币,淡化对国之重器货币的挑战,多谈比特币的技术及其在其他领域的应用。人们选择了构建比特币系统的一系列技术中的"区块链(blockchain)"一词来指代比特币的这些技术。提出多讲"区块链",少谈"比特币"。[21]这也使得以智能合约为基础实现更多非货币应用的以太坊受到了更多关注。

但比特币的坚定支持者,包括我在内,并不愿就此放弃比特币的梦想。我认为货币是市场经济的枢纽,成功的去中心化货币能够更有效地推动更多领域的应用。我的个人专长是经济分析,我更愿意,也更擅长对比特币

---

[21] 在 2014 年 5 月 10 日的"2014 比特币国际峰会(中国站)暨加密数字货币研讨会"(北京)上,王巍善意地向大家提出此建议。

相关的经济问题深入思考、研究和科普。因此,我虽然对以太坊并不反对,但并不看好以太币。[22]

至此,2014年后,原来的比特币社区分裂成了所谓的"币圈"和"链圈"。币圈指坚定支持比特币优先发展的人,链圈指淡化比特币,强调"区块链"应用的人。一直到2016年,"币圈"都占据着社区的大半江山,"链圈"则以以太坊的支持者,还有借鉴以太坊推进的其他智能合约项目支持者为主,比如小蚁(后改名NEO)。

"币圈"和"链圈"之间存在一定程度的敌意,或者说相互的"鄙视"。币圈认为链圈屈服于外界压力,脱离了中本聪的梦想,舍本逐末,走上了旁门左道,有投机之嫌。链圈认为币圈顽固守旧,暴殄天物,限制了区块链的应用前景。总体上,"币圈"占主流。记得2015年熊市造访北京,我与龙少、吴刚、超级君、老猫、异客等仍在寒冬坚守的朋友聚餐,只有老猫一人支持以太坊,席间向我们安利以太币未果。

扩容之争与 BCH 的诞生

币圈和链圈的分裂并没有动摇比特币的根基,毕竟链圈也未放弃比特

---

[22] 昌用:《以太币崛起的困难与前景》,巴比特资讯,2016年6月21日,https://www.8btc.com/article/94104。这算是本人最失败的一篇文章,尽管一些逻辑依然适用,但被现实严重打脸,也让自己失去了一次暴富的机会。

币的世界货币梦想,只是希望走得更快更远。此时,更大的分裂危险却在一个"小"问题中潜伏着,在 2016 年发酵,2017 年爆发,打破了比特币的世界货币梦想,这就是所谓的"扩容之争"。

比特币系统运行早期,为了保证每个人都能参与,也为了防止攻击导致网络超载的风险,中本聪对区块的大小进行了 1M 的限制,建议等交易量足够多时再扩容。中本聪 2010 年底隐退,将开发工作托付给 Gavin。2015 年 5 月区块实际容量达到 400k 左右,并仍在快速增长中,Gavin 开始全力推进扩容。

扩容本来被认为是跟"孩子长高了,要添新衣服"一样简单的事情,但遭到核心开发团队的其他几名成员的坚决抵制[23],他们认为更大的区块使得普通人电脑很难运行全节点,造成系统的中心化,难以抵抗政府审查。2016 年 5 月由于 Gavin 公开支持 Craig S. Wright(简称 CSW)声称自己是中本聪的声明,但 Wright 却未能拿出证明自己身份的签名,Gavin 在社区身败名裂,黯然退出核心开发团队(即 Bitcoin Core,简称 Core)。

2016 年 7 月之前,我并没有想过自己需要加入到这场争论中,我认为这是核心开发者和大矿工们的事。跟多数人一样,我支持核心开发团队,鄙视 Gavin 为假中本聪背书。我相信 Core 能够及时扩容。但是,2016 年 7 月 1M 的区块满了,出现了拥堵和高手续费,几乎所有人都急了,而 Core

---

[23] 太阳谷,《比特币扩容纷争:双链的诞生》,知乎,2017 年 11 月 15 日,https://zhuanlan.zhihu.com/p/30930715

根本没有扩容意愿,只是设计了更复杂和长期的扩容方案:隔离见证＋闪电网络方案。区块的拥堵给我带来了一次重大的转折,我开始怀疑Core,开始觉得自己有必要独立思考比特币的发展道路了。

2016年12月我发布了文章《扩容之争:比特币的政治与经济前景》[24],从技术、经济、政治、意识形态多个层次分析了扩容之争,认为发展理念和方向发生了根本性的分歧,这种分歧可以通过分叉(即分为两个长期并存的链)来解决。跟自然界的进化和市场竞争一样,一个去中心化的系统应该通过分叉实现演进。始终保持一致的去中心化系统是不可能存在的。

尽管社区先后达成了扩大区块容量的纽约共识和香港共识,但在Core的坚持下,比特币最终没能实现扩容。2017年8月1日,坚决主张区块扩容的人,包括我,赶在Core的隔离见证实施之前分叉形成了8M区块的比特币现金(BCH)。经过三个月的算力波动,11月1日调整了区块难度调整规则,BCH趋于稳定,在密码货币中保持了市值第四。这是比特币社区的第二次大的分裂。

我在BCH的诞生过程中,除了发表上述文章提出应该分叉之外,还做了三件事:一是2017年7月中旬建议viabtc在分叉之前开启BCH期货,预先形成有效市场,保证了基本的挖矿算力;二是9月初协调开发者、

---

[24] 昌用:《扩容之争与比特币的政治经济前景》,巴比特资讯,2016年12月23日,https://www.8btc.com/article/113497。

矿工、社区达成修改难度调整规则的共识;三是10月初说服社区在11月初完成新难度规则调整的系统升级。

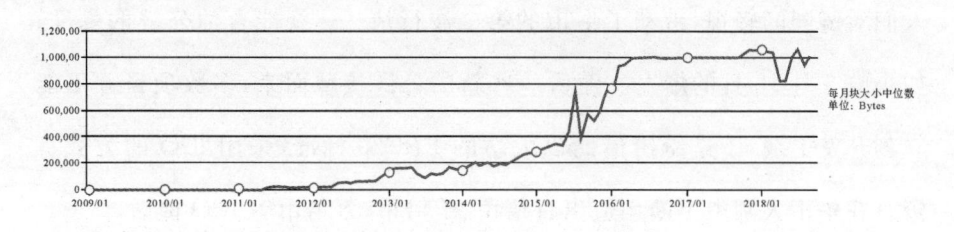

图2 比特币的每月区块大小中位数变化

看似简单的扩容之争不仅造成比特币社区的分裂,还从根本上改变了密码经济的生态结构。

秦失其鹿,群雄逐之

2017年,经过三年的熊市,比特币终于迎来新一轮的牛市,社会热度和交易规模快速上涨。区块1M限制使2017年整个牛市比特币都处于拥堵状态,最严重的时候,内存池积压了20万币交易,一笔交易要支付上千元的交易费和加速费(矿池优先打包)才能尽快确认,普通交易要一两天,甚至一周才能确认。为此,作为密码经济霸主的比特币快速失去市场。

为了在活跃的市场中抓住机会,人们纷纷从比特币转向了其他竞争币,尤其是在交易所之间的充提,更多人选择了更快捷低廉的以太币和莱特币,2017年3月10日以太币暴涨,3月28日莱特币暴涨,而比特币的市场份额快速下降。

以太币的暴涨和比特币的相对衰落，打破了比特币的神话，也改变了人们对链圈的轻视，带动了牛市的第二波行情——智能合约公链的暴涨，如小蚁6月15日的爆发。随后一些新的公链接踵而来，多数项目并不能立刻开发上线，于是纷纷借助以太坊的ERC20标准，采用ICO的方式募资。在牛市大潮中不断创造出百倍币、千倍币、万倍币等ICO神话。

在ICO神话的刺激下，2017年8月1日BCH的诞生并没有像人们预期的那样造成BTC与BCH的暴跌，分叉前选择持有BTC的人获得了BCH带来的额外收益(约10%)。这种财富效应刺激了更多的分叉币，不过这些分叉币采取了预挖的方式达到了类似ICO项目发起者的收益，这跟BCH的自然竞争分叉有根本区别，也是这些分叉币后期快速衰退的根本原因。

风来了，猪都会飞起来。九四ICO禁令和中国交易所关闭都没能挡住"疯牛狂奔"。分叉币热潮之后，资金寻找各种新的暴利机会。主流币轮涨之后转向行业概念币，比如物联网、云存储、游戏、公证、保险等等。概念币过后是各种几分钱的小额币，小额容易翻倍，甚至不需要看市值！大佬们喊出了"一直涨"！大妈们喊出了："不用看白皮书，别给我讲价值，买！买！买！"

至此，牛市进入了尾声，传统经济精英进入密码经济领域后不再简单买币接盘了，而是转向发币，由需求方变成了供给方。各种名目的公链与token比雨后春笋还快，仅以太坊ERC20代币几个月时间就增长数万种（目前已达到 13.4 万种）。项目上市需求爆发带来交易所暴利，催生出上万家交易所。项目为扩大影响必须做社区，又催生出众多社群。建设社群必须扩大宣传，催生了各种区块链媒体，催生了各种区块链会议……这些业态的兴衰就更快了，先行的头部企业大赚一笔，后续就越来越难了。

各种链、各种币、各种业态轮完了，牛市就彻底结束了。

存在即是合理的。比特币拥堵之后的大牛市，有疯狂的方面，也有密码经济发展的新趋向：早期对比特币发展路径的设想虽然简洁，但难以实现。在 2018 年 1 月底的一次内部会议上，我提出，既然比特币在成为世界货币之前就丧失了绝对的市场地位，以太坊兴起，各种密码应用已经遍地开花，那么，密码经济的路线有可能改变为：

1. 功能性密码应用探索落地。密码应用在各个经济领域探索试验，部分企业取得成功，在产业内部形成产业公共密码共识平台和产业 token。

2. 功能性应用带动若干密码共识平台。功能性应用自己建立去中心化公链平台成本是很高的，在现有密码共识平台如以太坊或 EOS 平台上建立和维护更有效率。

3. 密码 token 需要锚定通用密码货币。无论是产业密码应用还是密码应用开发平台，其内生 token 都有特定需求，产业 token 带有产业特征，如游戏和云存储的密码应用功能是不同的，开发平台 token 也需要根据自身网络资源、应用开发状况调控内生 token 的发行、分配与流通。因此，不同应用和平台的 token 之间需要一个稳定、通用的公共货币，比特币（或比

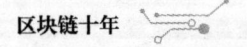

特币现金)将会承担这样的功能。

由此,之前比特币构建自由世界的图景变为:

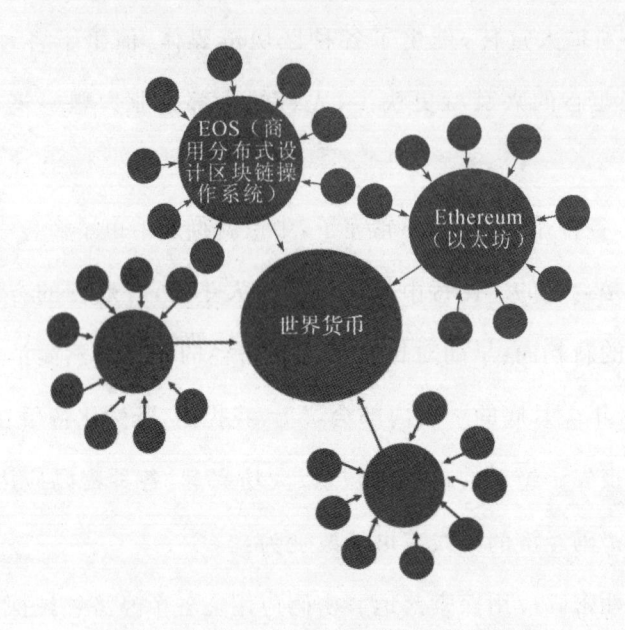

图3 从产业应用到通用密码货币的新图景

回归理性

2018年入秋,人们才开始普遍认同熊市寒冬来临,尽管挂名区块链的资金盘和传销币还在民间传播,但交易所已经几乎没了交易量,密码经济业内已经开始了维权、裁员和倒闭潮。社区充斥着各种负面消息和讽刺区块链的段子。两种观点开始流行:一种观点认为所有的区块链项目都是骗子，一种认为除了比特币，所有的区块链都是骗子。

2017年10月，在币友的鼓动下，我开始创业，并于2018年1月底成功举办了第一期区块链创新研修班。同时我也在密切关注市场，市场的狂热让我预感到熊市的来临。3月初我对区块链的发展阶段做了总结和预测，认为"在市场狂乱之后，2018年的虚拟货币和区块链会在市场、监管、认知等各方面进行调整，回归理性"。[25] 在雷锋网的专访中我认为当时"95%的区块链项目没有前途，1%会成为未来的驱动力。"[26]

熊市来临的根本原因在于人们对密码货币和区块链商业应用的过分乐观估计，简单说熊市的根源是牛市的疯狂。ICO项目绝大部分将失败的主要原因在于：

1.比特币历经近十年才基本可行，token发行也是在经历五年多的探索才被市场接受，各种区块链应用至少要三年以上的探索迭代。

2.新技术的探索应用理应由简入繁，逐渐积累应用经验、理论和必要的基础设施。完全数字化的货币、证券已经是最容易落地的了，其他跟复杂社会关系和实体自然属性相关的应用，诸如公证、防伪、物联等应用需要更长时间的探索。

3.新技术的初创项目没有经过从小到大，从易到难的市场试错和学习

---

[25] 昌用：《区块链发展将经历六个阶段》，链得得，2018年3月9日，https://www.chaindd.com/3051178.html。

[26] 嫣然：《专访北大经济学博士刘昌用：95%的区块链项目没前途，1%会是未来驱动力》，雷锋网，2018年3月12日，https://www.leiphone.com/news/201803/893kHjdrFTLZn5iE.html。

过程,就获得基于远大商业愿景的高估值筹资,违背了商业规律,甚至违背人性,就像给三岁孩子一把屠龙刀一样危险。

基于对熊市的判断,我在 2018 年初就收缩了战线,将创业规模压缩到最小,轻仓密码货币。不过,受朋友的影响,在侥幸心理和短期利益的诱惑下还是踏了几个坑。不由感慨,熊市最佳的投资策略应该是与市场完全隔离!

不过没有完全隔离市场也不都是损失,在市场变化中能真切观察密码经济的各种现象,不断思考密码经济的本质、结构和发展方向。在举办区块链培训班的过程中,我需要不断梳理现实变化的内在逻辑,整理相关的理论依据,再用最通俗简洁的方式组织起课程内容,讲给学员来检验。

在六期课程和记不清多少次的大会演讲和线上分享之后,尤其是在应电子工业出版社之邀,撰写《区块链:密码共识原理、产业与应用》一书的过程中,我对被称为"区块链"的密码经济的总体认识逐渐清晰了。

在由知密大学跟巴比特、比特大陆、币看、NULS 和陨石财经联合举办,我全程主持的"密码货币、通证与无币区块链学术研讨会"上,我首次提出了密码经济的基本结构[27]。我的导师晏智杰教授和经济学家朱嘉明教授对这一发言以及电子工业出版社的著作给予了积极评价,并为著作写了序。

---

[27] 区块链资讯:《"密码货币、通证与无币区块链"学术研讨会成功举行》,巴比特资讯,2018 年 8 月 27 日,https://www.8btc.com/article/260833。

在著作和一系列文章中,我反思了"区块链"和"通证"的本质及相关误解,认为所谓"区块链",其核心是分布式共识,也就是用简单民主这种去中心化方式,组织大规模经济活动。在互联网解决了远程信息传输的前提下,非对称密码技术提供了无中介的身份确认和签名授权的关键技术。因此,区块链应称为"密码共识机制",简称"密码共识"。

用哈希链接动态数据产生的区块链只是实现分布式共识的技术环节之一,把整个密码共识机制及其应用都称为"区块链"犯了以偏概全的逻辑错误。这种错误的认知掀起了牛市中的"造链""上链"热潮,也在熊市中导出"区块链项目都是骗子"的论断,而密码经济的本质却未能得到充分认知。

由密码共识机制建立的密码共识平台可以发行密码货币,也可以建立更复杂的智能合约系统,包括发行token(通证)。"通证是特定组织或个人通过去中心化的密码共识平台发行和流通的信用证券。"[28]而无币区块链则不需要去中心化,可以无币,甚至无链,只需要应用密码技术和互联网技术来改进各种商业或政务场景。

密码货币、通证和无币区块链都建立在密码技术基础上,它们的发展相互促进。人们通过非对称密码技术进入虚拟世界,所构成的经济体就是密码经济。

---

[28] 昌用:《通证的性质》,巴比特资讯,2018年8月16日,https://www.8btc.com/article/253659。

密码经济的全球性基础设施需要高度的安全性，一般采用去中心化的密码共识机制建立，而各种具体的应用则可以根据服务范围、业务场景的不同，通过将密码技术与现有不同程度的中心化经济组织模式相结合来实现。将密码技术提供的统一的身份识别和签名授权功能与去中心化的基础设施融合起来，可完成对全球市场经济体系的升级。

密码经济的发展将推动人们政治和社会生活的密码化，届时我们将拥有一个更加全球化和相互依赖的密码世界。

试验之路

币圈一日，人间一年。回想当初的比特币之梦，似乎是几个世纪前的神话。然而，环顾四周，更多人在传承和诉说着这个神话。

2017年的疯狂牛市让许多社会精英投入比特币和区块链的浪潮，熊市深套促使人们反思各种区块链项目，但却坚定了对比特币的信仰。经过几轮牛熊洗礼的"老韭菜"早就树立了"永不下车"的信念。被称为澳洲中本聪的CSW博士高呼比特币不是社会试验，它的基石在0.1版已经确立，只要取消区块上限，比特币（现金）就能服务50亿人，也达到了封神的奇效。

我羡慕那些坚持比特币梦想的人，至少能够获得心灵的安宁。从晏智杰老师那里学到的研究方法和基础理论研究的磨砺，让我形成了敬畏市场和反思自己的习惯。我曾经很反感别人说"比特币是一场伟大的社会试验",因为在梦想中它是确定的未来。现在看来,支撑梦想的逻辑已经被现实证伪。

虽然密码货币优势仍在,但比特币扩容失败已经使其失去了马太效应的绝对优势,其发展也没有表现出足够的开放性,在Core的掌控下主动放弃了支付市场,成了主流投资品,背离了中本聪"点对点现金"的初衷。

延续点对点现金方向的比特币现金也风云突变,一个发表了1000多篇论文,拥有2500多个专利㉙和"一手推车"学位证书,用假签名证明自己是中本聪被戳穿的CSW,祭出白皮书和世界货币梦想,短短几个月就俘获大批信众,簇拥着他走向拒绝纳新、自我封闭、唯我独尊的比特神教之路,㉚制造了比特币(现金)社区的第三次分裂。

经历了比特币扩容之争和比特币现金"内战",我不得不承认,比特币确实是一场伟大的社会试验。

在2013年之前,这场试验更像是一场技术试验,社区主要由科技爱好者构成,由开发者主导。只要秉承中本聪设计框架,修复一个个BUG,改进代码,比特币就能不断成长。去中心化优势、马太效应、开放系统加上人的经济理性让世界货币梦想清晰可见。

㉙中本田翻译组:《CSW回答记者提问第一部分》,新浪微博,2018年9月18日,https://weibo.com/ttarticle/p/show? id＝2309404285542224275921 ♯ _ 0,英文原文:https://medium.com/@Marlab999/q-a-written-interview-with-dr-craig-wright-1c62ac86f2ec。

㉚昌用:《BCH的战争与进化》,巴比特资讯,2018年10月10日,https://www.8btc.com/article/287572

现在回头看来，比特币的主要创新并非技术上的。比特币的主要技术早有应用：1982 年大卫·乔姆（David Chaum）创立 digital cash（数字货币），1991 年斯图亚特·哈珀（Stuart Haber）和 W. 斯科特·斯通纳塔（W. Scott Stornetta）提出时间戳，1997 年亚当·贝克（Adam Back）提出 Hashcash，并在反垃圾邮件系统中提出 PoW，1998 年 Dai Wei 提出匿名分布式的 B-money 等等。

中本聪曾强调，他创建比特币的大部分时间不在于开发，而在于设计。中本聪需要利用现有的技术，进行组合，设计出一个在现实的社会中能够运行的货币系统，这个系统除了技术上可行，还要能够实现经济利益相容和政治上的相互制衡，从而形成一个可持续发展的去中心化社会生态。这主要不是一个技术试验，而是一场社会试验。

2013 年之前比特币的技术试验和社会试验在很小的范围内进行，总体经受住了检验。2013 年之后，比特币系统在技术上基本稳定，但整个系统开始进入主流社会，较之前的极客小众的社会试验环境发生了根本性的变化，经济、政治和哲学层面的新问题不断暴露出来：

1. 开发者缺乏经济激励。比特币早期凭借极客们的爱好和梦想自愿开发，进入主流社会承载巨大经济利益之后，开发者付出缺乏经济回报，一方面导致开发者更重个人理想偏好，注重抗审查而偏离市场，另一方面导致开发者有动机限制去中心化的主链的容量，将交易驱赶到闪电网络和侧链，闪电网络和侧链的开发者和大节点更容易实现自身利益。

2. 开发者中心化。在比特币生态中，开发者理论上也是自由进出系统的，但是开发经验的积累、开发流程和文档的管理、社区论坛的实际控制等造成了开发团队事实上的中心化。扩容之争中，受 Core 的实际控制影响，扩容开发建议无法进入开发流程，社区论坛也对扩容言论进行了封禁。

3. 算力对开发者缺乏实际的制衡。开发者本来是比特币多方力量政治制衡中的一方，但开发中心化使得开发者实际上摆脱了制衡，甚至不再受算力（矿工）的制约。比特币扩容之争先后达成算力和社区广泛支持的纽约共识和香港共识，但都没能推动 Core 开发者部署区块扩容。最终导致社区分裂，多数算力转向支持比特币现金。

4. 意识形态导致社区偏离经济理性。比特币的设计主要基于人的经济理性实现激励相容。但进入主流社会后，意识形态的影响不断显现。比特币扩容之争中，核心开发者们的无政府主义意识形态是他们拒绝扩容的重要原因之一。而 BCH 内战中，CSW 激进的理性主义是他获得信众的主要卖点。

5. 政治运作对系统演进产生重要影响。正在发展中的 BCH 内战中，CSW 与支持他的 nChain 和 CoinGeek 从 8 月初发动攻势，在理念设计、消息制作、社交传播、舆论导向等方面成功地展开政治运作，在 BCH 全网节点仅占 1% 左右，SHA256 全网算力不足 5% 的情况下，产生了强大的声势。这远远超出了比特币系统原有的政治结构。[31]

---

[31] 昌用：《BCH 的战争与进化》，巴比特资讯，2018 年 10 月 10 日，https://www.8btc.com/article/287572

这些新问题在中本聪的白皮书和他的早期发言中都没有讨论过,这些是比特币进入主流社会试验阶段才遇到的严峻挑战。我们不能指望中本聪规划好未来所有的事情,他的设计能够把比特币从极客社区试验推向主流社会已经是伟大的成就。后面的试验需要更多技术、经济、政治、社会、文化等各领域精英加入进来共同探索推进。

2017 年的喧嚣之后,密码经济中人们将主要的关注点放在了技术上,包括各种链的 TPS,各种新技术的介入,以及如何在技术上解决去中心化、安全和性能的不可能三角,等等。而看到并且深切关注比特币进入主流社会后的经济、政治、意识形态问题的人太少了。

现在的密码经济已经不是比特币的独角戏了,但是,比特币(包括比特币现金)仍然是密码经济中试验最久的去中心化系统。它所反映出来的问题,也将是其他密码共识应用将会面临的问题。问题的核心是:在全球政治经济大环境下,去中心化的密码共识系统如何实现可持续的内生均衡社会结构。

希望下一个十年我们能够解决这个问题,一旦解决,全球密码经济体系就能够建立起来了,使人类更加自由的密码世界新梦想也就不远了。

区块链赋能实体经济：
让"大象"跳舞

李 林

现在一切美好的事物，无一不是创新的结果。

——约翰·斯图尔特·密尔

小国的弯道超车

我第一次听说比特币,是在 2011 年。一群人在聊天,有朋友向我推荐比特币,我当时只是觉得比较新鲜,认可比特币的发展前景,但也仅此而已。

到 2013 年时,出现了一个很典型的案例。欧洲有个小国叫塞浦路斯,国家信用破产,当地民众纷纷将自己的法定货币换成比特币,大街上出现了比特币取款机。这件事情让我开始深入研究比特币与区块链技术,然后就被区块链技术深深震撼到了。

由于不存在中心化发行机构,比特币不存在滥发的问题,使其长期持续稀缺。比特币通过公开透明、不可篡改的技术手段,解决了公平信任问题,每个比特币凝结的都是矿工记账的劳动成果,并通过挖矿激励实现了系统的良性运转。比特币采用区块链技术实现了价值的瞬间传输。区块链技术由于没有中心化节点,实现了交易即清算,使一笔交易几分钟之内就可以清算确认,这在传统模式下是难以想象的。

我开始认识到比特币所代表的区块链技术所蕴含的巨大潜力,其中的技术与经济学原理可能为世界带来改变。

火币:坚守初心

基于对区块链行业前景的看好,2013年5月,我创立火币,决定全身心投入区块链行业发展的浪潮当中。

时至今日,火币已经运营了5年,目前在全球12个国家地区拥有分公司,并且在日本、美国拥有牌照,在香港拥有全球性的集团公司。我们在整个区块链与数字资产领域成为全球当之无愧的龙头企业之一。

火币的发展归根结底离不开广大用户的认可与支持,火币的发展也是不断践行用户第一理念的过程,在这个过程中我对用户第一理念的体会也更加根深蒂固。

伴随着数字资产行业发展的是频发黑客攻击事件,比较知名的有:2014年3月Mt.Gox超过85万枚BTC(当时价值约5亿美元)被盗,导致企业破产,并严重打击了人们对数字资产市场的信心;2018年1月,Coincheck遭遇数字资产史上最大被盗事件,价值超5.3亿美元的NEM被盗。

我们一直在加强技术安全保障系统建设,以增强抵御黑客攻击能力。

区块链赋能实体经济:让"大象"跳舞 ｜李　林｜

Coincheck 被盗事件发生后,为了全面保障用户资产安全,我们设立了火币安全备付金,总额为 2 万个 BTC。备付金为自有资产、独立地址存放,专项用于应对可能出现的极端突发安全事故。对于任何非用户自身原因造成的用户资产的安全损失,将从安全备付金中提取资金对用户实施全额先行赔付。目前火币 98% 的资产存放在冷钱包并采取多重签名方案,2% 的资产存放在热钱包,2 万个 BTC 的安全备付金也超额覆盖了存放在热钱包的资产总额。对于火币而言,为用户提供公平、安全的投资环境,做再多都不为过。②

对于用户保护,我们做了大量工作:我们设定了严格的项目考察标准,只有经得起考验的、未来可落地的项目才能在火币上线,火币上线的项目在一线交易所中是相对比较少的,我们不愿意牺牲投资者保护以及自身品牌与信誉来换取收入。火币始终以"不作恶"作为最低的行为准则,坚持为用户提供合规、安全、优质的产品和服务。

我们创业板(前身 HADAX)的发展也经历了一些波折,最初 HADAX 推出的方案确实存在一些问题,受到市场质疑。我们最大程度接受了来自市场各方的宝贵意见与建议,迅速调整和完善了我们创业板的规则,为市场各方提供公平、安全、优质的产品与服务。

"精诚所至,金石为开。"做人如此,做企业也如此。

---

② 《火币全球专业站关于设立平台安全备付金的公告》,2018 年 2 月 05 日,https://huobiglobal.zendesk.com/hc/zh-cn/articles/360000060502。

区块链+实体经济：下一张"王牌"

2017年,在以太坊智能合约技术推动下,数字资产市场进入过热状态,使得一些难以落地的项目也得以发行,导致市场鱼龙混杂,不利于行业长远健康发展。

也正因为如此,我开始更加深入地思考如何用好区块链与数字资产这把"双刃剑","取其精华、去其糟粕",让区块链更好赋能实体经济。在这个背景下,我对区块链赋能实体经济的思考体系也逐步成熟。

根据经济增长理论,生产函数为 $Y=F(T,L,C)$,其中,Y代表产出(Yield),T代表生产要素科技(Technology)、L代表生产要素劳动力(Labor)、C代表生产要素资本积累(Capital)。区块链技术主要通过对生产要素劳动力实现改造,直接或间接作用于生产要素科技T与资本积累C,推动产出增长、赋能实体经济:

第一,区块链技术解决了公平信任问题并使产权进一步明晰,激发了生产要素劳动力的生产热情与科研人员对生产要素科技的研发热情,进而推动产出更快增长,产出的更快增长带动生产要素资本积累的加速增长,进一步推动产出更快增长、赋能实体经济。

第二,区块链技术通过通证经济激励将市场各方参与者转化为高效的生产要素劳动力,进而推动产出更快增长,产出的更快增长带动生产要素资本积累的加速增长,进一步推动产出更快增长、赋能实体经济。

第三,区块链技术可以通过通证经济实现广义资产映射与活化,更大程度解决企业发展所需资金、降低融资成本、加速企业生产要素资本积累增长,并帮助留住人才、增强企业研发能力与员工团队稳定性,推动产出更快增长,从而带动生产要素资本积累加快增长,进一步推动产出更快增长、赋能实体经济。

此外,区块链技术通过降低交易成本,可以优化社会资源配置效率。

根据经济学原理,降低交易成本有助于实现社会资源配置的帕累托改进。区块链技术可以从两方面降低市场交易成本,进而优化社会资源配置效率:第一,直接降低事前与事后交易成本;第二,通过明晰产权,降低交易成本。

区块链技术具有公开透明的特点,有助于降低交易双方事前交易的决策成本;区块链技术使交易记录不可篡改,交易双方的各项权利与义务也能够以智能合约的方式事先约定并不可篡改,进而降低交易双方交易的监督成本与违约风险。

产权若不明晰,交易各方将陷入扯皮,意味着交易成本无穷大,导致交易无法达成。明晰产权本身对降低交易成本有重要作用。区块链技术使交易记录不可篡改,产权通过交易记录得到最大程度的保护,产权更加明晰,进而降低市场交易成本。

区块链与实体经济的辩证关系同互联网与实体经济的辩证关系类似。实体经济是根基,区块链技术是枝叶,只有根基牢固,枝叶才能更好地进行

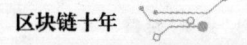

光合作用,结出更好的果实。区块链技术可以通过全方位改造各项生产要素,赋能实体经济;但若没有实体经济根基的支撑,区块链技术就是无本之木、无源之水。

走出泡沫,落地为王

按我的理解,区块链赋能实体经济应用大致可以分为四层,分别为分布式账本、价值传输网络、通证激励体系、资产数字化。

第一层:分布式账本。其独特作用在于增强公信力、提升多方协作效率。

2017年底,莫斯科已宣布推行一个试点项目,该项目基于以太坊智能合约平台,将区块链技术纳入名为"积极市民投票平台"的电子投票系统。

市民所产生的每一次投票都将在公开透明的智能合约平台上进行展示。投票选项设置完成后,将被列在一个分类账本上,该分类账本包含了所有点对点网络上的投票。由于区块链技术公开透明、不可篡改的特征,通过区块链技术,保证了投票后数据不会丢失或被篡改,从而避免造假或被第三方干扰。

在跨境贸易领域,区块链技术应用也在取得快速进展,这也与跨境贸易中海量的物流、资金流、信息流的传输不顺畅不透明但货物价值高的痛点相关。

2017年开始,航运巨头马士基与IBM成立了一家区块链合资公司,建立了全球跨境贸易区块链技术平台TradeLens,用于跨境贸易产业链管理,以提高海量的物流、资金流、信息流传输效率。到2018年8月,已有超过90家公司和机构加入了这一区块链平台,包括港口运营商、海关当局、物流公司以及作为竞争对手的航运公司等全产业链成员。

应用区块链技术之前,通常一个集装箱在港口花费的时间比在海洋中花的时间更长。区块链技术使每个参与者更容易获得提单、卫生证书、海关发布、发票和其他必要文件,将文件处理麻烦减少了10倍。应用区块链技术之后,跨境贸易运输时间平均下降了40%,效率的提升也带来了跨境贸易花费的大幅下降。比如,TradeLens平台为一个运往美国生产线的包装材料节省了高达40%的运输时间以及数千美金的花费。

第一层:应用目前的主要挑战在于数据上链,即保证上链前的信息是真实可靠的,链上数据可作为有效证据用于指导链下业务。解决方案在于技术＋政策,短期可以借助公认的第三方认证之后上链,中长期可以借助物联网等新兴技术使用智能传感设备自动采集数据。

第二层:价值传输网络。其独特作用在于充分发挥可清算、可追溯、可渗透的优势,提升传输效率、降低传输成本、增加传输网络覆盖。

在公益慈善领域,区块链技术可充分发挥可清算、可追溯的优势,增强公信力。蚂蚁金服旗下支付宝爱心捐赠平台全面引入区块链技术,并向公益机构开放,签约机构经审核后均可自助发布基于区块链的公益项目。2017年1月,壹基金和中国红十字基金会率先提交申请,首个区块链公益项目"和再障说分手"顺利上线并实现实时账目公示。

在跨境支付领域,区块链技术也可充分发挥可清算、可追溯的优势,提升跨境支付效率、降低转账成本。传统跨境支付通常需要经过多家银行的记账清算与 SWIFT 的集中清算,繁杂的清算需要长时间等待。当前跨境支付通常需要几天时间,且各中介机构需要收取高额的转账成本;区块链应用于跨境支付领域,其分布式去中心化的属性,可以实现交易即清算,不再需要繁杂的清算过程,跨境支付仅需几分钟甚至几秒钟即可完成,且转账成本极低,解决了传统跨境支付过程中转账时间漫长、转账成本高昂的痛点。

在跨境支付领域,目前已有多项区块链技术应用落地。比如,2018 年 6 月,香港版支付宝上线全球首个基于电子钱包的区块链跨境汇款服务,香港版支付宝 AlipayHK 的用户可以通过区块链技术向菲律宾汇款,使得跨境汇款也能像境内转账一样秒到账,7×24 小时不间断、省钱省事、安全透明。再如,Ripple 公司专注于跨境支付技术解决方案领域,为客户提供 xCurrent、xRapid、xVia 三种跨境支付解决方案,目前已与全球超过 120 家银行及金融机构签署了合作。

在支付领域,区块链技术还可充分发挥可渗透的优势,弥补欠发达地区汇款与存取款不便的缺陷。在欠发达地区,由于银行网络渗透率低,导致居民汇款与存取款极为不便,借助区块链技术可以解决这一痛点。

Abra 于 2014 年 2 月成立,是一家提供个人对个人汇款服务的公司,Abra 采用"比特币区块链+人体银行"组合技术,构建了庞大的"人体银行"网络。

当用户想要汇款时,可以使用Abra方便快捷地完成汇款,弥补银行网络覆盖不足的缺陷。当用户想要存取款时,他们可以使用Abra寻找附近的认证"柜员"(人体银行),Abra会显示附近"柜员"的坐标与收取的费率以及用户评价,用户可以从众多"柜员"中选择最合适的然后当面完成交易,完成存取款(互换现金与电子货币),电子货币会被发送到用户或"柜员"的手机,这个过程靠区块链完成确认,Abra后台通过比特币完成汇款业务,用户看到的是以美元计价的交易。

Abra首先选择了菲律宾作为产品推广市场,菲律宾有很高比例的人口没有被银行覆盖,银行卡渗透率仅为5%,截至2016年6月底,Abra在菲律宾已有约3万个"柜员"注册,合作存款银行4家,合作取款银行14家。

第二层,应用目前的主要挑战在于:首先,保证价值稳定可用要解决两个问题,一是如何保证价值稳定,汇出1美元,最终是否能收到等值的法币;二是如何保证价值可用,加密货币是否能有足够多的渠道以及流动性兑换为法币,更理想地,能否实现收到的价值可作为广泛接受的工具直接用作支付,无须兑付法币。其次,应对金融犯罪要解决两个问题,一是数字资产交易的KYC规则(know-your-customer,了解客户规则)/AML(anti-money laundering,反洗钱)、支付双方信用情况、是否有洗钱嫌疑等;二是匿名性和可监管性,如何在保留匿名性的前提下进行适度的支付双方KYC流程。

对于以上挑战的主要对策是稳定币＋政策和背书支持：首先，保证价值稳定可用的对策有二，一是对冲工具、稳定币，如期货合约、CFD 合约（差价合约）、价值锚定法币的稳定数字资产；二是法定数字货币，由国家推出的数字货币，价值在一定地域范围内达到广泛的共识，可直接用作支付。其次，应对金融犯罪，一是要做好 KYC/AML，在政策要求下，支付过程加入 KYC 流程；二是匿名性和可监管性，如银行、房产中心等为双方匿名信用背书，交易相关人员可以看到对方"被银行认证""被房产中心认证"等身份标签，但无法获取具体身份信息。

第三层，通证激励体系。其独特作用在于实现劳动成果按生产要素分配、充分调动各方劳动积极性，推动产出增长。

传统股权模式下，在众多商业场景中，用户付出了必要劳动，提供了生产要素，却没有获得相应回报，如用户观看了广告（付出了注意力），是广告收入的实际创造者，但广告收入却归企业所有，生产要素激励不充分导致生产效率损失，进而损害生产力。

区块链技术借助通证经济旨在实现劳动成果按生产要素分配，参与生产的生产要素均获得相应回报，解决企业与企业外部市场参与者利益对立问题，共同做大市场、推动生产力发展。

2017 年第四季度，迅雷推出玩客云终端（玩客云是一台搭载区块链技术的智能硬件终端，具备资源共享、下载加速、数据存储与文件管理等功能，并通过计算用户算力贡献多少给予公平的激励，当前售价 600 元每台），用户可以通过购买玩客云贡献算力获得链客（区块链技术保障的不可篡改的公平激励），链客可以在玩客云生态体系内购买商品与服务。

由于贡献算力可以获得应有的回报，用户获得了充分的激励，用户劳动积极性被充分激发，纷纷购买玩客云共享终端，以共享算力获得链客。迅雷借此完成了算力体系的外包，并指数级扩大了自身算力体系，用户体验也得到了充分保障。

第三层，应用目前的主要挑战在于：1.如何分配（产生）通证、保持经济体系长期健康运转，如防止分配失衡、趋势性贬值等情况发生。2.如何使用通证，通证赋予用户什么权利，该类权利是否一定依赖于通证机制。

以上挑战主要有以下对策：

1.生产要素分配可分为三级。0级分配：挖矿，如 PoW（工作量证明、体现参与度）、PoS（持有权益证明、体现忠诚度）等。1级分配：市场行为，如生产传播奖励、信用传播、流通传播等。2级分配：宏观调控，宏观调控要遵循两个原则，一是收敛性，抑制通证持续单向流动，导致系统崩盘；二是鲁棒性，抵御恶性冲击。

2.对于通证如何使用的问题，资产所对应的权益可以分为高阶权益与低阶权益。低阶权益是指单一性、标准化的权益，如债权、物权、收益权、投票权、使用权等；高阶权益是指组合式、条件式的权利，如占有注意力权、信用证明权、好评差评权、时间优先权、价格优先权、概率优先权、决策否决权等，传统模式难以解决高阶权益激励的问题，可以借助通证解决。

第四层：资产数字化。其独特作用在于实现广义资产映射与活化，如实现所有权可拆分，全年不间断的流通性，资产全球性交互与定价，可编程、可实时清算交割、降低交割成本、资产交易自监管（智能合约 KYC/AML）等。

区块链可以通过通证经济实现广义资产映射与活化，更大程度上解决企业发展所需资金、降低融资成本、加速企业生产要素资本积累增长，并帮助留住人才、增强企业研发能力与员工团队稳定性，推动产出更快增长，而产出更快增长将进一步带动生产要素资本积累加快增长，从而继续推动产出增长、赋能实体经济。

资产数字化大致可分为：

1. 证券通证化，即资产是证券或未来可产生现金流，如数字化的股权、债权、衍生品、分红通证等；

2. 通证证券化，即未来能够产生收益的数字资产，如通过美国 Reg A+、Reg D、Reg S 等合规融资渠道进行 STO 的通证（可以是 Utility Token）；

3. 有形资产数字化，有价资产上链，产生可拆分的所有权，如黄金、房产数字化等；

4. 无形资产数字化，无形资产上链流通，一项资产可对应一个通证，如一张证书、一件游戏装备等。

证券数字化的案例如 Tzero 平台：该平台被称为数字资产界的"纳斯达克"，企业或项目方可通过 Tzero 平台发行数字资产（包括数字化的债券、股票等）。Tzero 通证已于 2015 年 12 月获得 SEC 批准，该通证将给予持有者针对 Tzero 公司的分红权及其他股东权益，Tzero 公司将每季度按

区块链赋能实体经济:让"大象"跳舞 | 李　林

持有比例派发公司总收入的10%给持有者。

通证证券化的案例如FileCoin：FileCoin开创了SAFT融资架构的通证发行，FileCoin首次通证发行开始于2017年8月10日，于9月8日结束，共募集2.57亿美元（含预售筹得的5200万美元）。㉝该通证为功能型通证，项目目标是为数字货币存储提供一个去中心化网络，用户可以有效地将其闲置容量出租，作为回报用户将得到FileCoin通证。SAFT（Safe Agreement for Future Tokens）协议是一种类似期货的金融衍生品，符合美国证券法Reg D中Rule 506的豁免要求，属于合规融资方式。通过SAFT，融资主体并不直接出售股权或通证，而是出售未来通证的使用权以及价格增值。SAFT协议中会注明合格投资人（需通过KYC流程）所购买的通证数量和价格、通证释放的时间和规则以及如果项目不能正常上线的退款机制。

有形资产数字化、拆分所有权案例如ABT（Asset-backed Tokens，资产支持代币）：泰国亚投集团与泰国和柬埔寨政府达成协议，展开关于土地和房产通证化的平台建设，通过区块链技术把"地契""房本"等传统资产权益进行拆分，加强流动性；利用亚投集团在柬埔寨百万平方米商业用地，让投资者在小额度资金参与大宗土地份额化投资的同时，配送ABT资产通证。

㉝ Stan Higgins,"＄257 Million：Filecoin Breaks All-Time Record for ICO Funding", *coindesk*, 2017, https://www.coindesk.com/257-million-filecoin-breaks-time-record-ico-funding.

无形资产数字化、产生流通性案例如 PlayTable：PlayTable 是由旧金山 Blok Party 公司开发的最新的智能玩具游戏控制台，通过 RFID 芯片将物理玩具和数字玩具以及游戏结合起来，预计将于 2018 年第四季度上市销售。它实现了游戏角色和装备上链流通：在用户实际的玩具底部贴上一个 RFID 标签，PlayTable 的触摸屏将能够识别和读取。也就是说，如果购买了某个玩具，RFID 芯片可以记录它的特征和轨迹，然后通过 PlayTable 的链接，将角色或装备的独特属性保存到区块链上，并允许人们在各类不同的游戏中使用或交易，产生流通。

第四层应用目前的主要挑战在于：

1.证券类代币的政策不成熟，目前众多国家对证券类代币的政策较为缺乏；合规监管政策可以写入智能合约，但不同国家的证券标准和要求不一样，难以统一交易标准；

2.高流动性会在短时间内积累大量风险。

第四层应用的主要对策在于：

1.等待配套监管落地；

2.对于高流动性带来的风险，可以适度建立流通门槛，如大规模流通项目先经过小范围试运营、完善审核机制、加强用户及投资者教育等。

总体来看，区块链技术应用层次越高，灵活性就越高，离金融越近，风险越高，对监管的要求也越高。区块链技术赋能实体经济的应用一方面要依赖于区块链技术的进化，另一方面也要符合监管政策的要求。

星星之火,何以燎原

随着对区块链赋能实体经济理论与应用思考体系的成熟,我感到兴奋,说到不如做到,我决定投入到区块链赋能实体经济的落地实践中去。过去,火币品牌在中国是数字资产行业的重要符号和标志;未来,火币将不断积极参与到区块链赋能实体经济、助力实体经济更好发展的实践中来。

为有序推进区块链在中国地区的发展,我们提出了"区块链＋产业平台",给火币中国赋予了新的定位:火币中国要帮助产业实现区块链改造,帮助产业融合区块链技术,促进区块链技术服务产业、服务实体经济。

2018年9月30日,《人民日报》报道火币中国落户海南,以及由火币发起的"中国区块链＋产业联盟"正式成立,受到区块链产业界广泛关注。

火币中国是"区块链＋产业服务一站式平台",下辖火币研究院、火币大学(中国)、火币Labs(中国)、火币英才、火币律林五大事业部,为产业提供咨询、培训、技术、孵化、人才、法律服务。"中国区块链＋产业联盟"的愿景是联合区块链领域各机构与社群,共同促进区块链与产业深度融合;从区块链技术赋能与通证经济赋能两方面入手,快速建立国际、国家、产业、区域等多方生态协作关系,切实助力实体经济发展。

火币中国是站在新的时代风口崭新起航,第一是区块链产业发展风口,第二是海南自贸区(港)的政策条件。

区块链技术正成为继大数据、人工智能等技术后，又一项将对未来产生重大影响的新兴技术，有望推动人类从信息互联网时代步入价值互联网时代。美国、日本、欧盟、俄罗斯等国家和地区纷纷将区块链产业上升为国家战略。中国《"十三五"国家信息化规划》也将区块链与量子通信、人工智能、无人驾驶交通等技术同列为我国"十三五"期间重大任务和重点工程。提出到2020年，要实现"区块链等领域创新达到国际先进水平"。

同时，中央12号文件明确指出，支持海南推进总部基地建设，鼓励跨国企业、国内大型企业集团在海南设立国际总部和区域总部。目前海南已成为国内外投资者关注的重点区域，许多国内大型企业集团入驻海南设立总部的意愿十分强烈。此外，区块链技术天然带有全球化的特点，区块链赋能实体经济也可能伴随着新的法律监管命题。因此，一个开放和相对宽松的水土环境，更适合区块链产业发展。

区块链行业发展到现在面临的核心问题，主要是政策法规、制度建设、技术基础设施、公链基础设施、产业基础设施、人才培养等等。

基于这些问题，我们提出了"一站式区块链产业服务平台"的战略，火币中国是基于火币五年来在区块链行业的积累、研究、培训、技术以及产业孵化等方面的优势，整合打包成一站式服务品牌，帮助产业端和传统企业接触区块链、实施区块链、运用区块链，为企业提供研究、培训、人才培养、技术服务、基础平台等一系列服务，希望能够在海南自贸港、海南生态软件园平台的支持下，有序稳健地开拓火币中国的业务。

未来已来

有人将过去几年数字资产市场的表现类比为荷兰郁金香泡沫,但数字资产市场惊艳表现的背后有着坚实的内在理性基础,即区块链赋能实体经济,数字资产市场惊艳表现的背后反映的是区块链赋能实体经济蕴含的巨大潜力。

区块链技术实现了对生产关系的重要重构,解决了公平信任问题,使产权进一步明晰,并借助通证经济对各项生产要素实现全方位改造,推动产出增长、赋能实体经济。正如互联网成为第三次工业革命的核心驱动要素一样,区块链技术有望成为第四次工业革命的重要组成要素。

不念过去,不畏将来,让我们一起开创区块链赋能实体经济新时代。很多年以后,当我们老了,回首今天,我们曾饱含对科技变革的期望与梦想,曾凭借激情和热血在历史长河中留下我们的名字。

公有链：打造全新分布式"信任生态"

李 俊

当一项新技术在几次高低起伏后依然存在，你就必须去认识它背后的价值。

——李 俊

初识区块链：冰山一角

我是在2013年前后开始接触到区块链的。如果站在十年的角度看，这应该算是行到半途加入。但在那之前，区块链这个概念也刚刚萌芽没多久，大家仅仅是在一个很有限的范围内讨论比特币。而且中本聪的比特币白皮书中并没有明确地提及过 blockchain 这个词。

我进入区块链世界后，从技术学习起步。当时我在中金所工作，参与的也是与系统和技术规划相关的事宜，所以对不少新技术也充满兴趣。在交易的场景下发现了区块链体系，于是就在这个交易的环节中研究区块链对交易、金融，包括清算结算等方面的潜在影响力。

我那时主要查阅了比特币的白皮书，以及国外一些讲解数字货币的技术类文档。在翻阅完这些技术文档之后，我冒出来的第一个念头便是，这个新东西绝不仅仅关乎金融，它会带来一些根本性的变化。但在深入学习研究之后发现，可参考的书和文档很少，也没有人系统性地讲逻辑生态和组织变革方面的内容。因此对自己产生的念头也开始有些将信将疑：是不是我把这个技术想大了？

后来我在 safari 电子书上，看到了一份刚刚发布的《区块链：新经济蓝图》的样稿。我将那薄薄 200 多页的文件看了五遍。那本书真正把区块链从数字货币的概念扩展到了经济金融、社会组织、治理等各个方面。阅读的过程当中我感到不少快意，好像不是第一次看这本书，而是不断地在验证自己当初对于区块链的想法。

后来，我看到国内有一个小组正在进行这本书的翻译，并在一个相关的会议中碰到了韩锋老师、达鸿飞等人。我没有参与翻译，但也加入了翻译群。我记得自己当时还给韩老师发了条信息说，这本书才 200 多页，为什么要几十个翻译者？韩老师回复：翻译容易，传输新观念难。

我忽然意识到区块链是我想去做的事情，那时候区块链还没有形成行业，只是一个非常小众的像极客和兴趣小组一样的社区，里面很多人都只是将它作为兼职或业余爱好。

而我对此兴趣浓厚。恰好达鸿飞正在推进筹建 Onchain 分布科技，我们直接沟通后我作为联合创始人开始了全职区块链旅程。

我猜想每个人进入区块链行业的第一位领路人应该都是中本聪。再后来国内诞生了最早的区块链社区巴比特，能在上面看到较早的社区参与者们的文章。美国作家梅兰妮·斯万（Melanie Swan）和她的《区块链：新经济蓝图及导读》对我的启发与影响也很大，这是我第一次在技术之外更大范围地去思考区块链的应用。

此后我逐步从技术层面跳出，开始聚焦区块链在各个领域的探索，关注国内那时规模还非常小，但朝气蓬勃的区块链社群——那时其实还没有链圈，只有币圈，只有比特币和各种比特币的衍生产品，以太坊都还没有出世。除了一些线下的见面会，我第一次听到的比较正式的区块链演讲，主要是来自韩锋老师、达鸿飞、咕噜几个人。当时韩老师在关注比特币挖矿，达叔在关注区块链平台，咕噜在关注区块链金融应用。我的第一直觉就是，这几个是完全不一样的产业。时至今日，这几个方面仍然是区块链领域的重要方向。但彼时区块链没有什么细分方向，大家都在一个体系里，这也造成了很多人对区块链的了解如管中窥豹，觉得这就是挖矿，这就是比特币，或者这就是在做金融。因为当时社区里每一个人研究的问题，都涉及完全不同的方向和领域，对区块链的描述也各式各样。但也许这恰恰反映出区块链的基础设施性，如果一项技术在各个方面都可能带来改变，那么这项技术就有成为新的基础设施的潜力。

在公有链的世界里深潜

　　我在中金所做技术研究一段时间之后，已经能看到并预见区块链在技术之外的其他潜力。我总说，无论什么事，你都得卷起袖子去干一干才有意思。在进入区块链领域之前，我也参与大数据等技术的研究开发，但区块链一直对我有强烈的吸引力。这种吸引力来自我对区块链的判断，觉得它带来的不仅仅是一项好的技术，而更是一种体系化的变化。它是难以预测的，有可能带来好的发展，也有可能会产生风险，但这就是新事物的发展过程。当然那时没有人知道，谁能生存下去，也没有明确的行业生存方式和手段。但你值得一试。

在 Onchain 的技术服务工作过程中，我参与了不少金融机构、企业和政府的区块链解决方案服务。在这当中不断思考积累，形成了一些将区块链应用于不同行业、不同商业领域、不同应用场景下的应用思路和解决方式，也实际落地了一批项目和系统。当然，在应用初期，大家一般使用联盟链或私有链的方式来做，到后来才真正意识到区块链是一种更大范围内的灵活机制的协作。你无法在一个体系内，固定出一种流程，而是需要让各协作方根据不同变化流程，随时进行调整，可以纳入各类中小型个人的协助者。我最终发现，我们真正需要的是一个既能支持商业规模和应用，可以和实际场景连接，又被现实世界中的法律机制、商业机制支持的场景，它将是一个可弹性扩展的公有链。在这一系列基础上，我开始了一个新的公有链项目——本体。

本体作为一个新的公有链体系，面临着一个更大的挑战。从比特币开始，它建立起了一个纯粹基于技术的信任机制，是一个极大的创新。但你会发现在更广阔的商业协作场景中，只有技术信任机制又还不够。在种种去中心化的协作之外，还必须把各类法律机制、社群信任、声誉体系、身份验证、数据交换等机制融合在一起，使其成为一个更通用的基础设施来提供服务。这就需要对整个底层设计协议进行增强。在这方面，我们经过较长时间的持续研究，也获得了阶段性的成果。随着本体第一版主网上线，已经基本达到支持分布式身份、数据分布式协同与区块链底层的结合，可以支持不少通用型的商业应用模式。当然，这是一个持续探索和发展的过程，今后也会面临更多的挑战和应用。但经过了这么长的低谷期，现在区块链行业整体的创业环境比之前已经好了很多，在这个环境当中，我们更没有理由不坚持下去，不把这件事做得更好。

技术与应用至上

这几年的区块链探索过程，用一个词来形容最贴切——且行且思考。我们有一个愿景在远方，但这个愿景该如何到达？最终会呈现什么样的形式？又会在什么时间点到？坦率地说：很难判断。

因此区块链的创业，应该是一种探索加执行的模式。在初期，探索的成分比执行要更多，因为没有一条路明确地铺在面前，需要摸索着走。大多数人知道方向和愿景在哪，却不知道选择哪条路更好，也许有些路是死路，或者充满陷阱，这对创业者来说也是一种考验。

在这一过程中，我们能做的就是边干边想边看。在接触每一个项目的推进过程中，我反复地问自己：为什么要用区块链？有没有其他的方式可以做？区块链能不能解决所有问题？其实在这当中有很多场景是被自我否定掉的。

对于区块链的未来,总是充满着不同的声音,有人对此信心十足,也有人充满怀疑,觉得是不是技术泡沫。

从个人的一些粗浅理解来讲,判断一项技术的前景,要看两个重要的因素:第一是技术成熟度,以及达到成熟的难度;第二是是否产生使用的价值。就拿现在大热的人工智能来说,在几十年的发展过程中,一开始以专家系统型的人工智能为发展趋势,其在为人类工作提供各方面帮助的使用价值维度上广受认可,但是技术成熟度,却用了几十年才逐步获得提升,直到提升至基于数据的自我学习迭代这个技术模式,才真正在专项应用上逐步实用化。这就是一项新技术在技术和应用价值都达到相应成熟度和接受度的情况下,逐步转化成主流技术的一个过程。

不妨从这两点来看区块链的技术和应用价值。在技术方面,区块链正处于发展期,在不同的应用场景下,依然需要提升其性能与安全的性价比。就目前看来,区块链在局部的技术点上,包括扩展性、安全性、新的经济模型等方面需要做不少的探索,但在运作核心模式理念上,是相对清晰的,大家对行业的发展观念也逐步趋同,相信未来会逐步形成系列的、标准化的协议,以及最佳实践和技术体系等等。

从应用方面来讲,区块链深受诟病的原因主要是它没有实际的落地应用。判断一个技术是否最终有价值,是要设想这一技术在广泛使用后,有没有提升效率或降低成本。区块链的核心愿景是让各类人和机构,无论行业,无论大小,无论地域,都可以以一种低成本的、灵活的、自我协调的形式来组织各种合作流程。这种价值其实是人类协作千百年来一直在追寻的。

人们建立各种国家、组织、公司、制度、法律、商业条款和协议,其实都是为了达成这一目标。区块链当然不是万能钥匙,但是如果它能为这些协作提供一定的支持,降低了成本,提升了效率,那么这种使用价值是值得肯定的。

区块链落地之所以慢的原因是,不同于大数据或人工智能这样的技术,它是在单点上提升效率,产生好处和价值很明显,也没有其他的伤害性,或明显影响到其他参与者的利益,而且它是某一类功能性的增强,并不对整个流程和体制产生规模性的、变革性的影响,所以只要技术成熟,它的突破和应用,就会比较快,也比较明显。

而想要让区块链这一机制真正应用起来,不能只在某一个单点进行提升和变革,而是要对商业流程、合作流程、经济模式等进行体系化的变革,这对整个生态产生的影响是不可预估的。甚至在某些极端情况下,区块链的应用和去中心化流程的变革,会提升整体社会的效率,但有可能对参与其中的利益体产生直接的负面效应。受益的是大众,但是大众是一个虚无的词,并非每个人都能感受到这项技术带来的好处。如果你开了一家公司,那么你的收入减少,利润减少,甚至你的商业模式被颠覆,这种痛感是直接的。所以在区块链参与整个体系中时,其最大的获益者是整个社会体系,甚至普罗大众,但同时又会影响很多单一的既得利益者。所以在推广过程中遇到的风险和阻力是很大的。这也是区块链落地困难的原因之一。

以我个人的观点来看,比特币作为被全球普遍认可的通用价值资产,已经证明了区块链这一体系能带来的价值,以及基于技术的完整信任生态。虽然这只是一个单点型的实验，但已经具备由点及面的样例。所以在区块链未来的发展当中，除了技术和理念，更多的是如何设计好经济模式来发展这类提供基础服务的通用平台。区块链背后没有特定的单一组织利益，但有自己独特的经济模型和机制支持它可持续发展，最终形成类似于互联网、TCP/IP这样具体的体系和协议。其实这不是把具体的产品和服务推给大家，而是把一种协议跟价值理念推向各个行业，只有在这一基础设施完备的情况之下，区块链才有机会成为主流技术。当然，在这一基础设施之上的各类应用完全可以采用盈利化的商业模式来发展。

一项技术只要能为社会带来正向的价值，那么就一定是有其存在的意义，剩下的只是时间和环境问题。区块链也是如此，只要它的价值远景是明确的，无论发展的外部环境如何，它一直会有自己的生命力。在下一个十年，让我们拭目以待。

公链的下一站

在谈公有链之前，先来说说区块链的形态。现在很多的争论，都围绕着联盟链、私有链和公有链最终会形成一个怎样的主流平台，又会以什么样的形式体现出来。我认为，这要从它的本质价值来考虑。

区块链的核心价值是建立信任，所以它其实是一种协作性的平台，每个人都可以在平台上发起并参与到支付工具、资产流通或是其他类型的商业协作的流程中。所以基于这一特性,它其实是与互联网类似的平台类产业,所以它的服务形态也是平台类的服务形态。这是区块链重要的一个特征。从这个角度来讲,区块链的核心定义是:陌生人之间的协作工具。

如果这个定义成立,那么开放的可进可出的准入机制,以及开放的协作机制就是它的核心价值。不是为某一特定流程所设计的特定参与方式,必须具备这样的开放性,不管节点参与度有多高。因此公有链依然是区块链这一产业类型当中的核心基础性平台。

基于这个体系,你就会发现公有链是目前区块链当中进入门槛和运营难度最高的产业形态。硬币的另一面,是它的价值或许最高。

构造公有链体系,其实不只要解决技术和系统的问题,它涉及技术工程、生态、价值观、经济模型等一系列的综合性工作,所以对整个核心团队与社群都是极大的考验。

首先在技术竞争上,大家把性能和扩容性看成一个很关键的重要竞争点,现在有不少的技术手段在研发,也有不同的方案在实施。而我的看法是,分层跟多链依然是公有链发展的一个方向,既有提供通用服务的公有链,也会有提供专业或者甚至行业服务的公有链,大家之间的协同整合,逐渐会形成一个一体化的、更大范围内的协作基础平台。所以从宏观角度来讲,像本体这样多链制的公有链,除了在自己的体系内构建多链制的生态之外,也与其他的公链平台建立一个更大范围内的协作关系,共同扩展公链这一基础设施体系。而且大家对扩容上的技术方向共识也越来越强。像本体在整个体系的发展上有几个大的维度:第一是单链的性能提升;第二是纵向分层,这也是单一体系下的扩展体系;第三是横向扩展特定的业务链,再通过协议和通用的基础链进行融合。所以在单点提升、纵向分层突破和横向多链共同结合的情况下,可以让一个公有链的生态覆盖到更广的范围当中去。

同时,在通过 w3c、IEEE、ISO 等国际化标准组织的协议推动下,如大量通用场景下的分布式身份协议(DID),或者跨链的交互中,不同场景的不同协议标准正在得到讨论和制定。我相信在下一阶段会有一系列的标准和协议被认可,成为各个公有链平台之间的连接器和整合器,并向全世界提供一张像互联网一样的区块链网络。大家可以在这样的体系当中自由使用和开发各种应用满足各种商业需求,支持商家—个人各类分布式商业流程和陌生人之间的协作。这样的工具不再只是大型公司的工具,而是为人人所用的开放型工具。

其次,公链的发展中,技术只是其中一个维度,到后期技术维度的比重甚至会下降,生态、价值观、治理模型等维度的重要性日益凸显,所以经济治理模型,即如何让参与方能够随着生态的扩展,而获得自我激励,这将是公链设计的重要部分。就个人而言,本体的激励经济模型是我们比较满意的一个部分,因其较好地平衡了治理的模式和各参与方的激励,并形成了正向的循环。另外,采用循环使用的模式代替通胀的模式来进行相应流通支持。

再次,性能虽然重要,但不应作为区块链的唯一指标,所以我们必须要在去中心化和性能之间找到平衡。虽然去中心化程度跟性能很多时候是反向指标，但你必须在中间找到更好的平衡，不然有可能为了性能丧失了区块链最重要的核心要素——建立信任，因为在中心化程度过高的体系下，这样的信任是比较有限的，也容易产生风险。

最后，真正能做到成功运行的公有链，很多核心战略的推进过程中，核心团队和社区共同起到了很大作用。在下一个阶段，那些能够更好了解或者背靠重要市场的核心团队，在生态的扩展上应该能找到比较好的出发点。目前全球互联网前20的平台基本上是来自中国和美国。而区块链是和互联网非常相似的平台化和全球化的体系，在推进这个体系的过程当中，中美两大市场拥有大量的人才积累和市场积累，我个人认为，在这两个市场接受度更高的公有链，成为大型平台的机会相对更大一些。

钱包：人链交互的未来

何 斌

> 钱包将打开区块链网络的新世界，将映射出一个独一无二的数字化的"你"，在虚拟与现实之间无缝地穿梭。
>
> ——何 斌

"触电"区块链思维

对于区块链,每个人都会有自己的故事,回忆起来鲜活生动。彼时可能只是一个新颖的尝试,但回首十年的区块链发展历程,会有一种打开新世界大门的感觉,而这把大门的钥匙我认为就是"钱包"。如果我猜得没错,对于所有参与到这场区块链革新运动当中的人,"钱包"都会是他们开始的地方,我当然也不例外。

"*The Times* 03/Jan/2009 Chancellor on brink of second bailout for banks."(《泰晤士报》,2009年1月3日,财政大臣正站在第二轮救助银行业的边缘)

2009年1月3日,在Bitcoin创世区块中铭刻的这句话,拉开了区块链时代的大幕。六天后,历史上第一个区块链数字资产管理钱包Bitcoin客户端bitcoind 0.1.0正式发布。这是一个历史性的时刻,但可惜的是在那个时候我并没有见证这个历史。

大约在2011年初，我才下载了第一个比特币钱包桌面客户端bitcoin-qt（后改名为Bitcoin core），不是出于对比特币的信仰，而是因为这个客户端正在搞安装即送比特币的推广活动。下载之后一通操作，由于是全节点钱包，需要在每次使用前都同步全网的节点信息，所以我花了不少时间盯着那个缓慢前行的进度条，才如愿拿到几个比特币。然而，我人生当中的第一个钱包随着电脑的更新换代永远也找不回来了。

我真正开始深入了解比特币是在2014年。我的一个做比特币交易所的好朋友钱友才，隔三岔五就跑来给我布道比特币和区块链的相关知识。架不住他的"洗脑"，我开始尝试去了解比特币。而我人生当中的第一笔比特币，也正是为他优化交易所产品设计所获得的咨询费。正是这一年，我全职加入云币做产品，开始了区块链行业的从业之旅。

当时的行业主旋律处在围绕数字货币而开展的挖矿、投资、交易之上。比特币因为塞浦路斯货币危机，引起了媒体和大众的广泛关注，随后又因中国政府的风险警告跌入谷底。起起落落几个来回，比特币的生命力不但没有消沉，反而变得越来越顽强。此外，伴随其成长的还有不少基于比特币（点对点电子现金系统"whitepaper"）设计思想而诞生的众多"altcoin"，如Litecoin、Dogecoin、BTS、Peercoin、NXT……而这些被戏称为"山寨币"的各种二代币，都没能在本质上超越比特币，数字加密货币仍然停留在1.0的时代。

直到2013年，一名19岁的年轻比特币信仰者Vitalik Buterin打破了这个局面，他提出的"下一代智能合约及去中心化应用平台——以太坊"，被公认为将区块链推进到了 2.0 的时代，引起全世界的广泛讨论和关注，并于 2014 夏天成功完成 ICO。记得在 2014 年读到以太坊白皮书的时候，我有一种触电的感觉，它那强大的冲击力将我的灵感炸将出来，令我一下子领会到了区块链技术的精髓，也坚定了自己投身到这个行业的决心。

拿着锤子找钉子

当有人心潮澎湃地跟你描绘一些荒诞的想法时，千万别认为他只是疯子。

设想你现在抱着一台电脑穿越到清朝末年，到处找插电槽、网络连接口，满世界跟人讲这是什么，对方的反应会是怎么样的？

2015 年，自从我脑子里被灌输了"区块链思维"之后，我便打从心底里觉得这真是把好锤子，然后提着它满世界找钉子。这是个漫长的过程，从 2014 年真正入行，到 2016 年开始做"钱包"，整整花了两年时间，而在区块链的行业中，大家都会戏称"区块链一天，人间一年"。

我们先是尝试了数据存证，希望借助区块链的不可窜改特性，将新产生的电子数据实时存证到区块链网络中，比如无法被改变的数据指纹能够让电子数据具备物理性，并且反向验证数据的真实性；我们想过用区块链做供应链跟踪，从商品原料的生产源头到成品，再到物流中转、经销商、终端零售，最后到消费者手上，全程跟踪上链，做到信息真实可追溯；我们做过无法被第三方操控的游戏，智能合约让游戏规则透明、自动执行；我们还实践过数字票据的概念原型验证，银行承兑汇票可以借助智能合约实现承兑发行、背书转让、贴现、转贴现、托收完整的业务流程。

然而，以上这些都没有让我走得太远。经过一次一次的试错，我对区块链技术、行业以及用户有了不一样的理解。这也促使我开始思考它底层的意义，这个锤子究竟应该落在哪个钉子之上呢？

数字资产显然是一个很好的切入点。在比特币之前，已有几十年的理论学术研究、工程实践在探索数字货币，直到 2008 全球经济危机的爆发，让真正的加密数字货币比特币横空出世。人类首次不用借助中心化发行机构，单纯用技术手段，密码学加上工作量证明的挖矿机制，在网络数字世界里生产出了"数字黄金"。

随后以太坊又将其背后的区块链技术发扬光大，通过智能合约来实现各种数字资产的 Tokenization（通证化），如：数字股权、收益权、黄金、票据、金融衍生品、稳定货币、电子宠物、艺术品、不动产……正是这个技术带来的分布式账本系统，让互联网真正具备了承载价值的能力，去中心化、去中介化地创造全网信任。保障私人财产不受侵犯，是现代文明的基础。在数字文明时代，我们终于可以通过技术来实现这一点，这是何等的突破。

想到这一层，一切都变得清晰起来，我们看到了这场 Tokenization 运动的必然趋势，通证化不是目的，它是创造一个数字虚拟世界的手段。面对这样一个全新世界，我们需要一个媒介作为连接，于是便决心围绕以太坊来为社区打造一款安全好用的存管各种数字资产的钱包应用。

2016年5月，我们怀揣着对区块链技术的信仰与对未来的憧憬，在杭州一个众创空间中不足10平方米的小隔间里成立了ConsenLabs（杭州融识科技有限公司），开始了我们的创业之旅，并着手打造旗下的第一个产品——imToken。

从0到1：钱包的探索之路

创业，从来都是一条异常艰辛的道路。虽然这是一句绝对正确的废话，但没有尝试过的人还是无法理解其中的五味杂陈。区块链创业更是如此，在一条没有前人走过的路上开创新的事业，其难度可想而知。没有现成的经验，没有丰富的文献，没有成熟的社群，我们就是在这种"三无"的环境下，一点一点探索地走出自己的道路。好在整个行业也都是在探索中不断前行。

轻客户端钱包

说到钱包，不得不说钱包的几个种类，全节点钱包、SPV（Simplified Payment Verification，简单支付验证）钱包以及轻客户端钱包。最早随比特币诞生的是全节点钱包，它需要在每次使用前同步全网节点信息，尤其是第一次使用，会有一个漫长的同步过程。电脑存储空间也会随数据量的增加而变得越来越臃肿。但它能够充分地保证去中心化,其主要使用群体为开发者、钱包服务商等。

当然,中本聪在设计比特币的同时,也意识到并不是所有用户都有查看区块链全部信息的需求,于是 SPV 的构想随即出现。SPV 钱包就是客户端只需要保存所有区块头信息即可,存储信息大小只有全节点客户端的千分之一,大大降低了客户端的"负荷",实现了高效性。但是 SPV 对于现在的智能手机同样做不到友好的体验。

轻客户端钱包则更加符合移动互联时代的需求。它不同于 SPV 钱包,用户的客户端不需要存储区块链上的任何数据,而是通过中间层的服务器来完成用户与区块链之间的交互。imToken 就属于轻客户端钱包。它会通过自己的服务器运行诸如 go ethereum 或 Parity 这样的全节点客户端,实时同步区块链数据。而用户的轻客户端钱包(手机或网页等)的核心功能为生成私钥以及将私钥加密保存在用户本地,而不是上传到钱包服务商的服务器上。

轻客户端钱包的优势在于用户无须自己同步区块链数据,这大大提高了效率;同时私钥通过移动客户端或 PC 客户端本地生成和保存,秉承了去中心化特性,从根本上降低了被集中攻击的风险。当然,在使用轻客户端钱包的时候,一定要选择可信赖的钱包服务商,或使用安全的开源钱包。鉴于此,我们在 2018 年 10 月决定将 imToken 的核心代码 TokenCore 开源出来,希望能够将钱包的安全可靠性推上一个新的高度。

冷钱包

钱包对于安全的要求是不言而喻的。为了让数字资产更加安全,冷钱包应运而生。所谓冷钱包就是将私钥隔绝网络存储和管理,也被称作离线钱包。像原始的纸钱包、硬件钱包,以及非网络环境下的软件钱包,都可以视为冷钱包。

我们在打造 imToken 的时候,希望尽可能地让用户资产得到安全保障,所以就在探索如何在软件中实现冷钱包功能。前面提到,冷钱包的本质是使私钥和互联网保持分离。如果将一部安装了钱包软件的移动端设备完全隔绝网络,就能形成一款冷钱包。从这个思路出发,imToken 在 1.1.2 和 1.2.0(Iceage)这两个版本中,连续推出了"观察钱包"和"离线签名"两大功能,将应用的安全性提升了一个层级。

当然,说到安全性,硬件钱包是最为理想的,目前 Trezor 和 Ledger 是世界上销量最大、知名度最高的两款硬件钱包。用户通过 USB 将硬件钱包连接到电脑端,初始化助记词(也被称为种子)、pin code 等安全设置,并使用助记词卡片备份。相较于热钱包,硬件钱包的安全性有了极大提高,但其在资产种类的支持和扩展性上并不如热钱包。而且目前一些硬件钱包价格不菲,国内用户购买渠道还十分有限。

钱包＋DApp

如果说钱包是进入区块链世界的一个窗口，那么 DApp（Decentralized Application，去中心化应用）就是这个新世界里面的风景。

最早将钱包和 DApp 结合的客户端是以太坊官方钱包 Mist。但由于 Mist 的全节点钱包属性，想要参与如 2017 年底红极一时的 CryptoKitties，就会非常不便，所以当时很多人选择了 MetaMask。MetaMask 是一款浏览器插件钱包，它能把如 Chrome 这样的浏览器变成一个 DApp 浏览器，大大增加了用户的使用便利性。

imToken1.0 中，也加入了 DApp 这一功能。和 MetaMask 一样，通过 Web3 的注入，实现 DApp 入口的移动化。到了 2.0 版本，更是与数字身份相结合，通过身份授权、签名、发送交易和智能合约直接交互并用私钥签名授权，不用再在 DApp 世界一遍一遍地证明自己的身份。另一方面，我们也非常注重 DApp 开发者的体验，通过开源 DApp SDK（软件开发工具包）的方式，降低开发门槛，希望能通过这样来促进 DApp 的发展与普及。

钱包＋DEX

目前虽然中心化交易所在体验与便利性上优于去中心化交易所很多，但其安全性还是最大的隐患之一。所以 DEX（Decentralized Exchange，去中心化交易)被行业公认为未来的大势所趋。

世界上第一个完全去中心化的交易所是 BitShare,最早由 Daniel Larimer(前文中提过的 BM)在 2013 年提出构想。以太坊诞生之后,DEX 的主要模式变为基于以太坊智能合约的 ERC20 代币之间的互换。比较知名的去中心化交易所包括 IDEX、DEx.top、DDEX、BancorNetwork、Airswap、KyberNetwork、Loopring DEX 等。

那将钱包与去中心化交易相结合,又会有怎样的化学反应呢?imToken2.0 中推出的 Tokenlon,就进行了这样的尝试。虽然目前还受到用户体验和交易速度的约束,但终有一日,当去中心化交易所上的体验能够与中心化交易所达到同样的水平,那么钱包+DEX 也会带来人链交互的一场新变革。

此外在钱包领域,还有"钱包+社交"与"钱包+理财"的模式,都受到了比较广泛的关注与使用。十年的钱包探索之路,让钱包与人的关系越来越密切,同时与区块链的结合点也变得越来越广泛。但是身为钱包服务商,无论是在业务模式,还是在盈利模式上,都要时刻保持高度警觉和敏锐,始终将安全视为钱包的重中之重,因为这是一个如履薄冰的行业。

安全:不能缺失的拼图

说到钱包的种种过往,有一个话题始终不能回避,那就是安全。安全之于钱包行业,是一票否决的,即便功能做得再强大,体验设计得再逆天,安全如果不能保证,那一切努力都将付诸东流。据不完全统计,2011年至2018年期间,全球范围内因区块链安全事件造成的损失有近30亿美元。其中交易平台事故占比约34%、智能合约漏洞占比约20%,而因用户疏忽和认知程度不够造成的损失约占19%。㉞

2011年6月,世界上第一家数字货币交易所,也是当时最大的比特币交易所Mt.Gox的证书被黑客木马感染,从而导致平台上的所有比特币都被转到黑客账户上并抛售,比特币一度跌至1美分。

2012年9月,美国Bitfloor交易中心被黑客入侵,2.4万个比特币被盗,导致该交易所直接停业。

2013年11月,波兰交易所Bidextreme服务器遭受攻击,1.7万个比特币被盗。

2014年2月,又是Mt.Gox交易所,因为网站安全漏洞,将近75万比特币被盗一空,随即这个当时世界上最大的交易所也宣布破产。

2015年1月,英国Bitestamp交易所,因为系统管理员被诱导执行恶意文件,导致黑客盗取了1.9万个比特币。

2016年8月,香港交易所Bitfinex的119756个比特币被盗,当时价值约7500万美金。

㉞ 星球月报:《2018年区块链技术安全服务行业报告》,巴比特资讯,2018年9月5日,https://www.8btc.com/article/267318。

2017年7月和11月，Parity钱包两次出现巨大漏洞，一次导致15万以太币被盗，另外一次则造成上亿美金的以太币被锁在合约当中。

2018年4月，部分地区的用户，在使用以太坊网页钱包MyEtherWallet时，遭受DNS域名劫持，黑客在两小时内盗走价值1.3万美元的数字资产。

其中Mt.Gox这样的事件对整个数字货币行业造成了毁灭性的打击。当然这个事件也间接促成了去中心化交易平台的诞生，因为人们意识到，传统中心化金融服务模型在区块链匿名性这一特性下的"无力感"。

目前区块链行业的安全问题，主要发生在软件层和使用层。无论是中心化钱包还是去中心化钱包，都在围绕着安全做着巨大的研究探索。像大型的中心化钱包大多都有Google二次验证、IP地理限制以及API权限分级，其资产也会采用冷存储，尽可能地保护用户资产安全。当然，在经历了诸多中心化钱包的安全事故之后，我个人认为去中心化的资产存储解决方案的安全程度会更高，因为即便服务器被黑客攻破，也不会导致用户的财产损失。很多去中心化钱包也在产品层面给了用户极大的安全感，如防截屏功能、安全键盘功能、安全风控功能、冷钱包存储功能等。

我们在打造imToken的过程中，对于如何让移动端钱包变得更加安全这个问题，几乎到了日思夜想的地步。除了实现私钥本地化加密存储、Keystore存储在沙盒文件中、禁止iCloud同步上传钱包数据等安全功能外,还联合知名安全公司慢雾、cure53 对 imToken 进行多轮源码审计及灰盒审计;开展面向安全从业者与用户的漏洞奖励计划;此外,我们还将可疑钱包地址、行业内部报道的风险合约,以及已经确定的黑客地址等危险地址根据不同等级标注出来,如果用户使用 imToken 向这些地址转账,就会收到预警提示,或者被限制向该高危地址转账,这样就保护了用户的财产安全。

当然,对于钱包安全,用户的认知水平,才是问题的根本。在人链交互过程中,钱包可以给我们良好的体验感和较强的安全感,但我们本身如何使用钱包,如何进行操作,则起到决定性作用。毕竟危险不是来源于区块链,也不是来源于应用本身,而是人类自己。

挑战与机遇并存

当然,除去在安全方面的如履薄冰之外,挡在钱包发展道路上的还有许多其他亟待解决的难题,它们虽然被视为难以突破的挑战,但在不少人眼中,也是一个千载难逢的机遇。

在这些难题中,私钥管理被公认为数字钱包无法普世的"顽疾"之一。目前,私钥的存储、管理、备份、恢复等对认知的门槛还太高,如何能在不降低安全级别的前提下,降低私钥的认知需求,是快速提高钱包使用体验的关键。围绕这一问题,社区提出了很多整改优化意见,包括

Bitcoin关于私钥优化的标准BIP32、BIP39、BIP44。通过"助记词＋路径"推导出确定的钱包地址，用户不需要再记录晦涩难懂的复杂私钥，只需要记住一些简单的单词，就可以备份、恢复管理自己的钱包地址。像imToken的"数字身份＋多链钱包"就可以通过一套助记词，同时管理BTC、ETH以及EOS钱包。这样的解决方案在一定程度上降低了对私钥管理的难度，但仍不是理想的终极解决方案，因为作为区块链世界唯一凭证的私钥，依然无法和人类现实身份进行无缝衔接，人们仍然无法方便地存储管理私钥。

除此之外，还有主链交易频率低、跨链技术不成熟、部分共识机制耗能较高、"不可能三角"无法突破等诸多技术难题。即便有这么多困难，但在区块链发展的十年当中，全球数字钱包服务已超过百家，之所以会出现如此多的钱包产品，一方面是因为钱包作为人链交互的衔接点，人们似乎隐隐约约地看到了其未来的样子；另一方面则是由于其所在的开放社区，让诸多优秀的开发者为数字钱包贡献了许多洞见与思考。但我们深刻地意识到，即便如此，数字钱包与普通用户之间，依然存在着一条"鸿沟"，钱包服务商和区块链社区还是需要对此进行不断的探索。

这样多亟待解决的问题，恰恰代表行业正处于早期阶段，还存在很大的机会，于是各路豪杰纷纷加入，迎着机遇不断向前。

HBI 的未来图景

我在开始做 imToken 产品设计的时候，时常想象十年之后的画面，技术之于人类，是怎么样一种图景？imToken 从解决自己的痛点启程，一路用想象力开路，在钱包产品的形态上做了很多大胆尝试。因为我觉得区块链技术本身是全新的"范式革命"，就应该抛掉原有传统行业的惯性思维，大胆去设想各种可能性。那么钱包会走向何方？最终会演化成怎样的一种产品形态呢？

当我仔细去思考钱包在这场技术变革中扮演的角色，不管是数字资产管理工具，还是 DApp 浏览器，或者是数字身份载体，其本质是人与区块链网络之间的媒介，我想到一个比较合适的定义是"人链交互系统"，即 Human-Blockchain Interaction System（HBI System）。

就如同人与电脑机器的人机交互系统，数十年的演进不断产生变化，打孔机、显示屏、操作系统、键盘、鼠标、触摸屏、语音控制、脑机互联……所以接下去的十年，我们将看到钱包作为人链交互系统的核心角色，在赋能和接驳两个方向上探索前进。

赋能，是赋予人更多能力和权力：

去中心化身份系统让用户掌控自己的身份及数据，

更友好的私钥管理解决方案，

更低摩擦地参与到全球金融市场，

行使自己的投票权、治理权，

更平等地获取各种网络服务，

贡献与协作获得对等的经济回报。

接驳，是连接网络空间里数字生态。就如同互联网时代，浏览器能通过域名接驳到部署各个网络服务器的应用服务一样，钱包也需要连接区块链网络里呈现出来的各种去中心化应用。我坚信再经过十年的发展，区块链网络里服务生态会比今天的互联网、移动互联网更加繁荣。区块链与互联网是一脉相承的，给互联网注入加密经济的能力，网络世界将会是一个突破时空的巨大生态系统和经济体。

HBI泛化了钱包的具象功能，它会像我们的呼吸系统，联动各项机能单位协调完成呼吸动作，维持我们的生命。而在区块链网络世界里，借助HBI，将映射出一个独一无二的数字的"你"，在虚拟与现实之间无缝地穿梭。

区块链技术及应用的三个属性

李 伟

区块链不在颠覆,而在连接。

——李 伟

经历决定认识

我是一名教师,也是创业者。

从浙江大学计算机科学与技术学院毕业后,我选择留校做一名教师。2015年,我作为浙江大学大规模信息系统(VLIS)实验室的核心成员,与团队参与了道富银行基于区块链的合规审计等多个项目的验证与开发,这是我最初认识区块链。当时有一种强烈的感觉,区块链未来必然大有可为。

因为区块链有一定的门槛,是一个可以让真正的技术人才施展身手的领域,而团队又有着多年的金融科技专业经验,于是在2015年,我们开始技术开发和准备,致力于研发国产自主的可控联盟链平台,并在2016年下半年正式成立趣链科技,进行公司化运作。趣链的核心团队成员均毕业于浙江大学、清华大学等国内外一流高校,并由中国工程院陈纯院士担任董事长。公司运营至今,团队人员已经从最初的十余人发展到现在的近200人,其中90%为技术人员。

经历决定认识。正本清源,才能清楚认识。在区块链的热潮中,许多人在"逐币"而生,偏离了技术本身的价值。我不否认币的价值,反对的是炒币、发币。我拒绝过许多看似诱人实则烫手的机会,因为有些违背实际价值的事情,赚再多钱也不能去碰。币本身的价值仅是区块链最小的一部分,其底层技术才是最大的价值所在。

我们相信区块链很热,并且应该还会热很久,直到最终成为一项成熟技术,融入到我们生活的各个方面,有效地服务实体经济。当然中间会有起伏,会不断有人质疑,同时也有人 all in,这些都是新技术发展的必然规律和必由之路。

但是在这个过程中,我们必须清晰认识到,区块链的技术及应用是分层次的,即区块链本身具有三个属性:技术属性、资产属性及合作属性。

技术属性

先从技术属性谈起。如果区块链只是退化为一个分布式数据系统,可能很多"原教旨主义者"会非常不满,似乎区块链不屑与分布式数据系统为伍,可是区块链本质上就是一个分布式系统,是分布式系统不断发展到一定阶段的产物。而且如果没有分布式系统,现在所有的热点技术比如云计算、大数据、人工智能、区块链就都失去了理论基础,整个互联网也就不复存在了,所以我觉得没什么不好。不过,区块链的确在技术上为传统的分布式系统提供了新的特性。

区块链第一次真正把数据控制权分散给各个机构，电子数据第一次不是仅由一个参与者控制，而是所有参与方共同见证、共同背书、互相监督。这就很像我们传统的纸质合同系统，总是要一式 N 份，各自保存。哪怕可能有"萝卜章"问题，可是大家觉得最安心，为什么？根本原因是觉得数据不在别人的服务器上，而在自己手里。所以，上千年了，纸质合同还是最常用的契约形式。

当然，电子签约系统层出不穷，而且可以通过电子签名等技术保证数据的安全，但是由于数据的集中控制，一旦出现纠纷，还是需要花费大量的精力来自证清白。所以，基于区块链的存证和审计系统大有可为，会极大地为传统机构增信，降低监管成本和整个社会的信任成本。比如，楼宇电梯这样的特殊设备，平时无人关心其维保情况，但是一旦出现事故，总会有人怀疑物业或者维保公司监管不善。如果是纸质的记录，物业或者维保公司无法证明其事后没有修改或者补充维保记录；如果是电子的记录，理论上，事后修改、补充或者删除也非常简单。所以需要做司法鉴定，需要大量的成本证明数据持有者的清白，最终哪怕数据其实没有任何问题，但是往往也不能得到所有民众的信任。而基于区块链的模式，由于数据控制权分散到各个参与者，那么事后修改的门槛便大大提高。如果要修改数据，需要买通所有的参与者，而这几乎是不可能的，这就极大地提高了数据运营者的信用，出现问题也不需要大费周章地自证清白，而是互证清白。同时，对监管来说，区块链也是一个利器，由于其数据历史不可窜改，计算逻辑也不可篡改,可信的数据采集、存储和可信的数据分析便轻而易举,也更有利于事前监管和实时监管的推广。

资产属性

再看区块链的资产属性。这里的"资产"主要指两类资产,金融资产和数据资产。

先说金融资产,即传统金融领域的票据、应收账款、ABS(Asset-backed Securitization,资产证券化)、仓单、债券、股权等等。很多人会质疑,为什么票据等业务需要区块链,集中化的电票系统不是能很好地满足目前的需求么?的确,电子票据系统已经可以很好地满足目前的需求,可以安全高效地实现所有的业务逻辑,而且相比传统纸质票据系统,要安全便捷得多。但是为什么还有那么多人愿意使用纸票?一个重要原因就是纸票非常方便点对点地交易,大大提高了票据使用的灵活度。所以,基于区块链的金融资产系统,即数字金融资产系统,如数字票据系统等,第一个好处就是可以提高金融资产的纵向灵活性,并且所有的转让过程都可以处在监管之下,同时兼备纸质票据和电子票据的优点。

当然,肯定会有人说,区块链并不是必需的,比如我们日常使用的支付软件,随时随地可以用,也很灵活方便。没错,以2C消费为主的支付软件们支撑了大量的用户和使用场景,但是这些场景整体上特征非常单一——

支付。而金融资产的场景却不仅是支付,它涵盖支付、融资等众多功能。以 2B 企业用户为主,企业用户的场景、角色、流程等各不相同,业务逻辑错综复杂,如果建立支付软件一样的集中化系统,很难满足各个企业的需求,即以账户和参与机构为主体的传统模式,很难建立大一统的全方位金融资产服务系统。而区块链是以资产为核心,换一个角度进行系统构建,所以不同的参与方可以有完全不同的账户系统、业务系统、审批系统等等,从而更具有横向的灵活性。这就又引出了区块链系统的第二个好处,提高金融资产的流动性,尤其是促进了跨机构、跨资产间的灵活转化。通过系统之间的无缝对接,票据系统或者应收账款系统,其链上资产可以很容易通过其他业务系统转化为其他资产。比如通过和券商的对接,转化为 ABS;通过和保险公司的对接,转化为信用保单。这个过程中几乎零信息缺失,甚至是零成本的,非常有利于金融资产的跨领域流通,同时实现穿透式监管。

使用区块链的第三个好处是提高金融资产的普适性。一个典型的案例就是供应链金融。很多人非常看好基于区块链的供应链金融,同时也有很多质疑的声音。其根本分歧就在于对供应链金融范畴本身的定义。如果只是依赖于一家核心企业、基于小范围的交易,其实无所谓是否采用区块链;但如果观察某个核心企业完整的深度供应链,我们会发现,在核心企业的远端上游,存在着大量中小企业,而这些中小企业普遍资质不佳,很难通过传统渠道获得金融服务,所以才有了中小企业融资难的问题。中小企业普遍会通过一级一级的传递,和核心企业发生应收账款关系,但是由于远离核心企业,他们很难证明其应收账款属于某核心企业。比如某螺丝厂，其生产的螺丝可能通过100级代理商，进入了某整车厂，中间所有的系统、信息、资金却都是割裂的，而使用区块链就可以把这些割裂的系统打通，将核心企业的信用高效率、无风险、无杠杆地传递下去，哪怕一个小小的螺丝厂都可以以核心企业传递下来的信用，方便地获得金融机构的服务。同时，如果放眼整个供应链网络，所谓的供应链不是一个链式结构，而是网状结构。那么可以通过区块链，整合整个产业的资产，将票据、应收账款、运单、仓单等一系列资产数字化，实现高效率、低成本的可信安全数字资产流转，从而建立真正以高度数字化为特色的产业互联网。

再谈一下数据资产。其实数据资产是一个很有意思的命题。数据是资产么？传统模式下，数据很难成为资产，因为资产的一个显著特征就是不可复制性，比如货币，复制后的货币是假币。但是数据太容易被复制了。复制后的数据其实无法判断真假，所以数据如果作为资产，是不可能像传统资产一样直接进行交换的。因为只要原始数据泄露出去，其无限复制性便会将其价值贬为零，而且其中更不乏隐私安全等诸多问题；但同时，数据作为资产并进行交易的需求非常旺盛。

在大数据时代，数据发挥了空前的重要作用，包括很多机构的核心资产。所有人都在考虑如何发掘数据的价值。但是数据不进行共享或交易，其实谈不上大数据，因为任何一个机构、企业和个人都无法获取所有的数据，只有将大量的机构和个人数据进行整合，才可以真正实现全方位的数据价值。那如何实现不泄露数据隐私，不损害数据资产价值的数据价值交换呢？区块链提供了一个很好的思路：既然原始数据无法直接交易，而且绝大多数情况我们需要的也不是原始数据,而是基于原始数据和分析模型得到的分析结果,那么原始数据可以保存于链下,通过区块链组织所有机构持有数据的目录和哈希标签(哈希标签的作用是保证链下原始数据不可窜改);借助智能合约构建分析模型,并在数据持有机构的内网分析数据;利用智能合约的可审计性,保证原始数据不泄露,而只是把分析结果进行链上共享,从而保证在原始数据不泄露前提下的数据价值流通。即通过"数据不动模型动"真正地把海量跨领域机构组织到一起,不通过物理上的数据整合集中,但是通过逻辑上的数据整合集中,实现真正的数据资产化和大数据基础市场,从而更好地挖掘数据的价值,对各行各业产生积极的促进和推动作用。

合作属性

最后看区块链的合作属性,这是另一个维度的思考。区块链的技术属性和资产属性,目前已经有很多落地案例,相对容易实现(相对合作属性而言,实际广泛应用仍然需要更多研究和实践)。而区块链的合作属性即合作实现却是一个系统工程。

首先,不得不探讨一下区块链里经常被提到的去中心和去中介的问题。真的可以、需要、应该去中心和去中介么?我个人对此持否定态度。去中心去中介基本上是一个伪命题,高喊去中心的往往希望成为新的中心。中心本身没有什么不好，没有中心反而意味着没有效率和没有责任主体。我们说中心化互联网打车平台不好，难道一个去中心化的互联网打车平台就好了？其实原来的"黑车"市场就是一个去中心化的打车平台，只不过没有信息化而已，谁愿意去使用呢（当然，这里的意思不是说不需要区块链打车，而是完全的去中心化是不可能的，但区块链打车还是价值很大的，这个本段最后会继续介绍）？而去中介就更不现实了，不可能存在"没有中间商赚差价"的商业模式。我们都说房屋中介收费高，但是房屋中介就不需要了么？所以，不要把去中心和去中介的标签，强行贴到区块链上。

区块链只是技术架构、数据及资产的去单一中心化，其本质是一个多中心和轻中介的体系。这和互联网对传统经济体系的重塑是异曲同工的。传统购物我们需要到实体店铺，可能离家近的只有一家。同时由于各个环节的中介费用，价格居高不下，但我们没得选择。而互联网的电商系统可以实现足不出户在各个电商平台选择。同时由于高度信息化，中介的成本大大降低，价格也大大降低，所以互联网化其本质这就是一个去单一中心和轻中介的过程。但是，随着互联网的发展，我们不得不承认出现了很多问题：互联网的聚集效应，导致流量至上，拥有流量似乎就可以对用户为所欲为，很容易出现隐私泄露、商业规则不透明、信息价值不对称等问题，而区块链的价值就是重塑互联网的体系生态，通过信任网络的建立，让原有的中心和中介更透明、更公正、更可信。当然这个过程中可能对原有的商业模式产生一定的冲击，但就和互联网对传统经济的改造一样，这是技术发展的必然趋势，必然会有新的商业模式和商业巨头的崛起。这个商业模式可以更持久、更有生命力,更符合广大参与者的根本利益。

再换一个角度,考虑一下合作中的激励体系建设。谈到激励,这让我不由想到许多年前就兴起的一个BOINC项目(Berkeley Open Infrastructure for Network Computing,伯克利开放式网络计算平台)。其通过利用全球闲散的计算机资源,实现预测蛋白质的结构、寻找外星人等宏伟的计算工程目标。我一开始还饶有兴趣下载了客户端参与了一下,但是过了一个月基本就不打开了,因为每天也没看到什么明显的进展,也没有任何激励。只靠兴趣和情怀当然可以做一些事情,但是如果想实现大规模推广,没有激励体系显然是不现实的。而互联网激励体系是通过简单的小恩小惠汇集大量的流量,但是这种补贴的打法也逐渐失效。消费者逐渐清晰地认识到了补贴、竞争、合并、最后收割的本质,靠补贴激励的用户的长期忠诚度非常堪忧。那么,有没有一种更好的方式,可以以更加低成本、高效率、长忠诚地建立用户体系?其实拼多多、趣头条等平台的崛起给了我们一些很好的启示。当然其营销方式是否合适暂且不表,但是其本质是通过对用户贡献的量化,将激励细微化、场景化、长尾化,从而构造一个更加稳定和具有活力的用户体系,即让所有的贡献都得到合理的长期回报,那么就可以实现对传统互联网靠砸钱实现用户积累的一个降维打击。所以,基于区块链的激励体系的设计,其实就是根据用户贡献的一个高度量化的分红体系,实现对用户的强绑定,从而构造一个良性循环、双向激励、自我净化的生态社区。但是,激励体系的设计一定是一个系统工程,必须以业务落地为目的,同时一定要合法、合理、合规,警惕造成业务的系统性风险。

最后,再回到打车平台,完全的去中心化不现实,但是区块链可以给原来的打车平台带来的规则透明度、权责的清晰、激励的直接化和持续化,将大大地改善整个市场的生态,甚至不需要补贴就可以积累大量的长期忠诚用户,同时也可以让所有的参与者在发展中受益,实现系统的良性循环。当然,一个基于区块链的更加可信、更加公平、更加透明的运营平台是必不可少的。

所以,综上所述,区块链从技术、资产、合作三个层次,逐步实现数据可信、资产可信、合作可信,从而具备重塑互联网经济的作用。但我们也要认识到这个过程的复杂性和系统性,区块链不仅仅是一个单纯的技术问题,而是一个集成了技术、经济、金融、法律、社会等多个学科的交叉领域。技术是基础,没有技术很容易高举高打,变成纸上谈兵;业务是灵魂,没有业务的落地,再好的技术也无用武之地。所以,需要我们社会各行各业的有志之士,一起合作与碰撞,少做些无谓的争执、少谈些不切实际的颠覆,踏踏实实一起做一点事情。

区块链十年:对立与选择

吴忌寒

选择,问题是选择。

——《黑客帝国》

比特币理想国的第一批居民

出世与入世

　　2007年的大西洋彼岸，一家名叫新世纪金融的公司宣告破产。此后两年内，全球央行印钞机超频运转。谁都没有想到，这只蝴蝶的翅膀，扇动了百年一遇的金融大海啸，淹没了比自由女神像还不可一世、代表金钱权利王座的美国投资银行。

　　将相起于草莽之间。2008年中本聪向加密邮件讨论组成员发送比特币白皮书，几百名由密码学专家和爱好者构成的成员里，只有哈尔·芬尼(Hal Finney)站出来为他声援。2009年1月3日，在名为"创世区块"的第一个比特币区块上，中本聪写下那句著名的话"*The Times* 03/Jan/2009 Chancellor on brink of second bailout for banks."(《泰晤士报》，2009年1

月3日,财政大臣正站在第二轮救助银行业的边缘)同一日,区块链技术宣告正式诞生。

2009年,我还是北大的一名大四学生。是继续留在象牙塔修行,还是下山度尘世的缘?这是一个问题。我选择了后者,进入风投行业,做分析师和投资经理。

诗人与工程师

初生的比特币,身上带着强烈的二元对立之美感,自由、分享、参与、包容的极客精神与集数代密码学成果之大成的强信用基石,在此统一、融为浑然天成的璞玉,静待世人的雕琢。

2011年偶然的机会,初识比特币的我,更多看到的是货币性:总量恒定、可分割性、交易成本低、标准化、难伪造、易储藏。名为数字货币,却非简单的0和1所能阐述,它更像是从0到1过程的一种演进。

如果说中本聪更像是一个工程师,最早期社区的爱好者则更像诗人。这期间活跃的人身上都带着诗性。他们并非纯粹寻求利益,相反,更多的是主动积极推动社区发展的一些活动。在曾鸣笔下,我们是"一群向往技术桃花源和货币民主的年轻人"⑤,是陶渊明。

---

⑤ 曾鸣:《比特币梦幻:货币理想主义的中国泡影》,巴比特资讯,2015年1月5日,https://www.8btc.com/article/41141。

诗人当然是浪漫的,2014年神鱼领证当天,他把挖到的25个比特币送给妻子作为结婚礼物,并在交易记录里写道:"执子之手,与子偕老。神鱼 to 冬冬。"神鱼说:"爱情和比特币一样,都是信仰。"

诗人与工程师,成了比特币理想国的第一批居民。

这一年我与长铗相识,共同创立了巴比特。早期网站体验很差,我们就凑了几千块钱去租服务器,吸引了当时国内比特币圈子的一些人在网站上注册,一起翻译资讯文章。一天,我给长铗的一篇文章打赏了0.168个比特币,这也是巴比特的第一笔打赏,如今打赏文化已成了巴比特的标志。

一个大众皆知,却无法避免的谬论是,在宣传新事物的时候,费劲口舌的赞扬效果远不及一个恶评来得猛烈。2011年7月《南方周末》发表了《比特币,史上最危险的货币?》一文。当时国内的主流媒体对比特币的评析并不是很友好,"差评师"习惯于使用"传销""庞氏骗局"等字眼。

比特币的文化认知基础远未稳固,巴别塔的建立,需要语言传播的基石,我选择去建设。

2011年底,我在社区里申领了比特币白皮书《比特币:一种点对点的现金支付系统》的中文翻译任务,并在巴比特发表。没有想到这篇译文后来成了网上传播度最广的中文版本。

之后,我更多是以风险投资实践者的态度参与比特币投资:2011年all in 比特币,2013年参与烤猫矿机众筹,也算是"倾其所有"式投资。我享受到了早期比特币投资的甜蜜,但比特币背后深层的经济学内涵,促使我更深地投入到实践与创业之中。

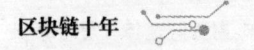

区块链的"大航海时代"

新大陆与沉船

区块链不像互联网。互联网的基因是连接，区块链的基因是创造。去中心化的创造需要共识，构成比特币区块链的共识机制是 PoW 机制，中文叫工作量证明机制。PoW 就是区块链的基石。矿工就像蚂蚁，蚂蚁们用自组织的行为，托起了这块坚固的顽石，为族群的生活挖掘建造巢穴、创造食物。

更大的算力，更小的能耗比——蚂蚁们选择朝此不断进化，核心是芯片。

矿机芯片的进化历经 CPU、GPU、FPGA、ASIC 四个阶段。中本聪是第一位比特币矿工，他在 2009 年 1 月 3 日使用 CPU 挖出比特币创世区块。

名叫"ArtForz"的发烧友在 2010 年 7 月 18 日分享了自己关于 GPU 挖矿的心得。自此极客们开始发现显卡（GPU）进行 Hash 运算的计算速度比 CPU 高出非常多，显卡矿机由是诞生。

2011 年 6 月出现 FPGA 矿机，是第一次针对挖矿的专业芯片设计。

FPGA 的全称是 Field-Programmable Gate Array，即区域可编程门阵列。从这个阶段开始，中国矿业第一次登上世界舞台，在能效比上较之 GPU 矿机有明显的改进。

ASIC 芯片全称 Application-Specific-Integrated-Circuit chip，即指为专门目的而设计的集成电路。例如比特币 ASIC 矿机仅针对比特币的 SHA256 算法设计。

2013 年 1 月，世界上第一台比特币 ASIC 矿机阿瓦隆交付，从此开启了 ASIC 挖矿时代。

ASIC 芯片也经历过一轮又一轮的进化，制程上从 110 纳米到 55 纳米，从 55 纳米到 28 纳米，从 28 纳米到 16 纳米。如今，7 纳米的芯片已经诞生。

比特币的进化与它指数级的价格增长是分不开的。2013 年 4 月塞浦路斯事件推动比特币从 30 多美元飙涨到 265 美元，同年 11 月 29 日到达了新的顶峰，首次超越了黄金。当天 Mt.Gox 上比特币达到 1242 美元，同一时间黄金价格为 1241.9 美元。[35]

这彻底激发了国内创业者的热情，火币、OKCoin、币看等相继成立。2013 年也被称为中国比特币行业元年。

2013 年 4 月我选择辞职，在一个特别的契机之下，我和詹克团联合创立了比特大陆，主要做定制芯片研发与矿机销售。

---

[35] 陈颖：《新玩家涌入比特币价格两周翻一倍》，《南方都市报》，2013 年 11 月 15 日。

区块链的大航海时代,从来不是一帆风顺的,暗流汹涌中,无数的沉船是通往新大陆的航程的奠基。

2014年,当时世界最大加密货币交易所Mt.Gox的倒闭,开启了长达两年的漫长熊市。这一年,无数人饮恨退出,无数公司在浪潮中折戟沉沙。

2014年是最困难的一年。腰斩的币价、冷酷的市场,九成以挖矿为核心的公司或倒闭或转型,比特大陆也几乎破产。

但蚂蚁在进化。从2013年11月第一枚55纳米的芯片BM1380正式发布,蚂蚁S1矿机量产,到2015年28纳米的BM1385芯片(S7矿机)诞生,再到搭载16纳米的BM1387芯片的蚂蚁S9矿机问世,詹克团和比特大陆技术研发团队没有因为熊市停下脚步。从0到1,我们选择坚持,选择继续坚信区块链的价值。伴随市场的复苏,比特大陆在技术的支撑下,第一次看到并接近了天花板。

江湖无捷径,没有武功就没有成功。成为武林高手、开宗立派的路上,永远不会是鲜花与掌声的簇拥,有的只是执着和寂寞,是向死而生的勇气。

有序与无序

区块链是一件很科幻的事物,算力也是一样。

那些本来静寂无名的西部村庄,那些在工业时代从未有人光顾的领地,因为算力的进入,开始散发出"科幻"的光芒。这些算力散落在岷江支流大渡河边,沉迷于鄂尔多斯的达拉特旗的夜晚,酣睡于新疆伊犁哈萨克自治州的某个小城……科技文明和自然之力，通过算力达到了一种融合。

根据区块链数据公司 Blockchain 最新数据，比特币现在的全网算力突破了 5000 万万亿次哈希碰撞每秒（50EH/S），这是一个庞大的数字。更直观地来看，地球上的沙子一共有 7E（1＊10^18），整个地球的水量约为 326E 加仑。[37] 穷尽如此强大的计算力量，只为每 10 分钟碰撞出一个符合要求的哈希值，为比特币区块链盖下永久的时间戳。在我看来，算力是为了去除人性在整个系统里的权重。在未来，它有可能超脱于碳基意志，成为我们意想不到的防护网。

宇宙天然而熵增，人类却从无序的环境中抽取有序的"算力"来对抗整个社会"熵增"，从而推迟宇宙的"热寂"过程，也算是"逆天而行"了。算力是有序的，而所有其他的争议，却是无序的。

我是一个算力持有者，人类未来最大的矛盾，是日益增长的数据处理与有限算力之间的矛盾。

比特大陆自 2015 年来正投入精力向 AI 芯片转型。我们在 2017 年发布了第一款张量加速计算芯片（TPU）——Sophon（算丰）BM1680。Sophon 的名字致敬刘慈欣著名科幻小说《三体》里的"智子"，比特大陆准备运用自己的算力，向其他行业赋能。我们也想在 AI 芯片的研发领域，通过算力能更高效地提升生产力，与区块链结合起来，拥抱这场新变革的到来，共同建造

---

[37] WILMA WOO：《比地球上的沙子还多？比特币算力再创新高》，Wendy 编译，巴比特资讯，2018 年 8 月 6 日，https://www.8btc.com/article/246994。

一个真正的区块链文明世界。

《三体》里,生存是文明发展的第一要素。那么,更强的算力、更强的AI是硅基文明的自然选择。比特币也到了它选择的节点。比特币诞生之初就致力于创造一个点对点、无国界的超主权货币,但它的最初设想却在实践中遭遇了挑战。其中一点即是支付工具与价值储存工具的路线选择。

比特币不稳定的市值,使得人们在使用它进行日常支付时,遭遇了很大的挑战。面对这个问题,比特币社区至少提供了两种答案:

第一个答案是:"当比特币的市值发展得足够大,币值的波动性就会降低到足够低。"

第二个答案是:"比特币不能被用作支付工具,而只能作为一种价值储存工具。"⑧

这两种答案也深刻地影响了比特币的技术发展路径,即选择支付工具路线,并积极推动比特币扩容,或是选择价值储存工具路线,并间接承认比特币的货币支付属性失败,不需要扩容。

遗憾的是,主要控制比特币协议的开发团体选择了第二个答案。他们认为,比特币无法再通过简单扩容实现支付。PayPal、信用卡之类的支付工具足够好,点对点的电子支付不需要发展。这种观点在我看来是巨大的错误。

---

⑧吴忌寒:《区块链发展带来的反思与启示》,清华经管数字金融资产研究中心成立大会,2018年11月2日。

这个错误给后发的竞争者带来了巨大机会，比如以太坊 2016 年底获得了飞跃式发展。其他主打快速、高容量等技术特点的新兴区块链资产也迅速崛起，受到投资者的热烈欢迎。

伴随技术路线之争，2015 年到 2017 年之间，比特币扩容之争也愈演愈烈。

早期中本聪对区块大小进行了 1M 的临时性限制，即任何时候只能处理 1 兆字节的交易。这个限制，一者是为了保护比特币的去中心化，确保弱小的计算机也能挖矿；二者，1M 的限制也被看作是一个必要的安全措施，防止潜在的黑客攻击使网络超载。

然而自 2014 年起，因为区块大小的限制造成的拥堵和网络处理速度缓慢，与连带的高昂手续费，不断提醒人们需要做出改变。

有两条路：一条是扩大区块容量，也叫作硬分叉；一条是不改变区块容量大小，做隔离见证和闪电网络（软分叉）。形象一点比喻，当一条小路因为日渐增多的车流量而堵塞，为了解决通行的问题，是拓展原有的车道，还是搭一座桥分流呢？顶着许多争议、质疑，甚至是诽谤和漫骂，我选择了前者。

2017 年 8 月 1 日，在比特大陆等主体的主导下，比特币分叉出比特币现金（BCH）。Viabtc 在 BCH 的创世区块上写下了一句贺词："欢迎来到这个世界。"

像每个人的成长一样，包括比特币现金在内的任何去中心化加密货币都需要在一次次试错、反馈、总结的回路中进化，这是比特币现金的自然选择。而在探索解决这些问题的过程中,分歧和分叉不可避免,是去中心化系统进化的必然过程。BCH 至今已过了一周岁,未来它将增加支持多种代币功能、加快确认速度、支持多种侧链与拓展 OP_RETURN 的功能。

破而后立,大道终成。比特币现金已经走出了自己的道路。

下一个十年:跨越壁垒

可以预见的下一个十年,人类将加速从物理世界向虚拟世界迁徙,这是件非常有趣的事,从财富到权证,从信用到治理,社会区块链化的程度也将远超首个十年。但我们不该忘了这八个问题:

1.隐私与安全

去中心化、可扩展性与安全性,构成了区块链的"不可能三角"。

于安全而论,最早的 UTXO 和账户模型,在系统安全性方面有明显的优势,因为所有的交易记录都是记录在链上,所有链上交易的加密货币流向容易被追踪,隐私性不够。在隐私性上,过去十年诞生了许多算法,例如零知识证明,它的代表是零币,它们能够更好地保护区块链使用者的隐私,但是它的算法复杂性升级难度系数非常大,且在极端情况下这个系统存在安全风险,例如无限增发问题等。

取舍之间,必有得失。未来十年,我相信我们可以看到一些理论框架的突破,解决隐私性和安全性的矛盾。

2. 中立与监管

凡是没有监管的金融活动,往往都是灾难的开始。

区块链未来十年的发展,我相信最为主要的落地应用仍是金融场景。因为区块链所构建的金融网络,是去中心化、跨国界的,而这个网络上的参与者和资金是有国界的,这就势必涉及非常复杂的立法问题和跨界监管框架。

过去的一年里,我们经历了 ICO 的泡沫热潮,这点值得我们反思。ICO 本质上是证券发行性质的金融活动,而证券发行在世界各国都受到严格管控。遗憾的是,区块链自身无法解决金融市场信息不对称与委托代理的问题。ICO 和变相 ICO 带来的乱象也就不足为奇了。

我相信,区块链技术仍将维持它的自由与中立性,无自由不区块链。但期待区块链金融市场的十万亿级的发展,出路只有一条——拥抱监管。拥抱监管并不表示放弃区块链去中心化的中立属性,恰恰相反,当监管尘埃落定,区块链构建的跨国金融市场仍有着前所未有的想象力亟待挖掘。与同样中立的互联网技术类似,立法者可以基于中立性原则去研究相应的区块链监管技术。

我相信在未来十年,区块链的发展,将改进并适应未来的监管框架,共同构建良好的金融秩序。而随着监管的介入,区块链将和传统金融监管机构、传统金融业务进行更多结合,大幅提升金融效率,区块链会给这个市场带来巨大提升。只要抓住金融的本质需求,踩准技术平台演变的时机,肯定会大有作为。

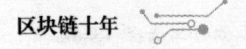

3. 性能与用户

2018年，微信与WeChat的合并MAU(月活跃用户)超过10亿,而现在的区块链全球用户大概是2000万人。根据现在的增长曲线,我们有信心认为未来十年将迎来用户数量上的一个爆发,区块链在全球的用户人数可能会超过10亿人。未来必须要完成四个数量级以上的性能提升,才能够适应这样的用户规模需求。

4. 侧链技术和跨链交互技术

这样的技术可以在主链和侧链上安全快速互联,同时还能够做到去中心化,解决的方向有两个:放弃去中心化的原则,以及等待理论上的突破。

5. 闪电网络

闪电网络理论和功能上可行,但是用户体验存在严重问题。凡是需要用户直接操作闪电网络的应用,我相信它在经济上都是不可行的。

6. 压缩交易历史的技术

这种技术可以提升隐私性,还可以用较小的数据体积去记录庞大的交易历史的最终结果。但是因为交易本身是不上链的,它只是把一些结果上链,其安全性存在很大的考验,而不可见的交易过程也给审计带来了极大的困难。

7. 综合采用硬件加速和平行化的软件工程技术

随着网络处理压力的增加,未来区块链软件更改它的一些现有的几个架构,只需要平行、线性地增加一点服务器和硬件,不需要对整个软件架构做大幅度的更改即达到扩容效果和性能提升。这在我看来是最为切实可行的道路。

8.技术与落地

区块链如何跟现实世界进行交互呢？大概有两个方向：

(1)需要现实世界的重要事件在区块链上面得到忠实的记录,例如食品溯源等；

(2)希望区块链上的虚拟事件能够驱动现实世界的物质产生变化,例如去中心化的 Airbnb。

所有的落地技术,都需要基础设施的支撑。没有互联网带宽的拓展,不会有巨头的出现；没有移动互联网普及,不会有网约车的落地。我认为,区块链与现实世界的交互逻辑,现在依然缺乏必要的基础设施。

目前所有的落地尝试,几乎绝大多数都会失败,它们真正的机会窗口在未来可见的几年中都不会到来。但我相信在未来十年,我们可以看到一些有趣的项目出现。

量子计算与算法安全

我们期待在区块链第二个十年快要结束的时候,量子计算机开始区域成熟。区块链现在所应用的密码学算法,在未来将面临升级的压力。但如果过早投入到抗量子密码学算法的研究中,并付诸实施,我认为这是一种不理性的行为。

听我的,升级,但别着急。

老钥匙与新钥匙

新十年中,我相信,钥匙的问题将会成为主流且颇为重要的问题。

区块链如何综合性地采用各种身份认证技术,来帮助大家使用区块链?中本聪最早设计的公私钥系统,其实私钥就是区块链上的身份,给用户造成了较高的技术门槛,我们看到丢失私钥的情况非常普遍。我们可以把公私钥的体系,转化为抽象身份的问题去探索,用链外的权威相对中心化的身份认证,来代替目前单一且对用户不友好的私钥身份认证。像BCH最近准备要去激活的 OP_CODE,就为链外的权威相对中心化的身份认证打开了大门。它有可能和链上的私钥本身,和最早最原始的公私钥一起构建综合的身份体系。

这是一把新的、打开区块链 10 亿级用户普及和大规模应用的钥匙。

强大与简单

我们一味地要求 DApp 如我们所熟知的 App 般野蛮、强大、易用,却忽略了去中心化的高成本与困难度。

智能合约是一种具有独立性的计算机程序,一段程序如果被部署在以太坊,这个程序的运转就具有超越程序创立者的独立性。智能合约能够扮演一个绝对公正无私的角色,消除交易各方对中央诚信度的担心。虽然智能合约承载的希望很多,但是现在独立性程序做的事情还是非常少的。

智能合约它如何变得更强大,一定是未来十年我们所关注的重点方向。就像计算机技术在早期发展阶段受到硬件性能和软件编程开发环境的影响一样,智能合约目前也是如此。中心化的程序开发环境、去中心化智能合约开发难度大、收益比较低,而且智能合约爆出漏洞的事件不断发生。未来开发环境会不断趋于成熟,有更多的开发者参与,开发成本会进一步降低,更多的应用将会诞生。

区块链与人工智能

人工智能加区块链,是未来十年的一个重要课题。数据是人工智能最重要的驱动力,帮助人工智能算法得到很好的训练。同时数据的各方需要保密,这点有可能用区块链来解决。人工智能可以被部署在区块链上,两者天然结合又互为独立。

那么人工智能不再被拥有或者属于任何一个单一的系统参与者,它可以获得一个更好的公信力和权威性。如果有单一的企业掌握了特别多的数据,同时拥有了强大的人工智能,对于社会的公平性挑战将是巨大的。

区块链的强大从来不是一堆没有灵魂的代码和电子元件,强大的是伴着区块链走过岁月的我们。

加缪说,对未来最大的慷慨,就是把一切献给现在。

送给所有正在为梦想奋斗的朋友们。

图书在版编目（CIP）数据

区块链十年：看见怎样的未来 / 巴比特编著. ——北京：中国友谊出版公司，2019.5
 ISBN 978-7-5057-4620-6

Ⅰ.①区… Ⅱ.①巴… Ⅲ.①电子商务—支付方式—研究 Ⅳ.①F713.361.3

中国版本图书馆 CIP 数据核字(2019)第 040570 号

书名	区块链十年：看见怎样的未来
作者	巴比特 编著
出版	中国友谊出版公司
策划	杭州蓝狮子文化创意股份有限公司
发行	杭州飞阅图书有限公司
经销	新华书店
制版	杭州中大图文设计有限公司
印刷	杭州钱江彩色印务有限公司
规格	710×1000 毫米　16 开 15.5 印张　165 千字
版次	2019 年 5 月第 1 版
印次	2019 年 5 月第 1 次印刷
书号	ISBN 978-7-5057-4620-6
定价	49.00 元
地址	北京市朝阳区西坝河南里 17 号楼
邮编	100028
电话	(010)64678009